JN066258

「教師の自己評価」で英語授業は変わる

J-POSTLを活用した授業実践

監修　神保尚武

編著　久村 研・浅岡千利世・清田洋一
　　　髙木亜希子・栗原文子・醍醐路子

大修館書店

目次

【監修者】

神保尚武（早稲田大学名誉教授）

【編著者】

久村　研（田園調布学園大学名誉教授）
　序章

浅岡千利世（獨協大学教授）
　第1章4.

清田洋一（明星大学教授）
　第2章4.

髙木亜希子（青山学院大学教授）
　第3章4.

栗原文子（中央大学教授）
　第4章3.

醍醐路子（青山学院大学非常勤講師）
　第5章4.

【執筆者】

赤井晴子（鶴ヶ島市立西中学校教諭）
　第3章1.

大久保泰希（群馬県立高崎高等学校教諭）　第1章1.

小出文則（横浜市教育委員会指導主事）
　第1章3.，第5章2.

残間紀美子（東京都立富士高等学校教諭）　第4章2.

高橋　聡（東京都立桜修館中等教育学校副校長）　第5章3.

鶴田京子（川口市立高等学校教諭）
　第2章2.

細　喜朗（早稲田大学本庄高等学院教諭）　第4章1.

松津英恵（東京学芸大学附属竹早中学校教諭）　第2章3.

松本晴子（千葉県立姉崎高等学校非常勤講師）　第1章2.

三浦大輔（桐朋女子高等学校音楽科教諭）　第2章1.

宮本順紀（茨城県立竜ヶ崎第二高等学校校長）　第5章1.

山本裕也（麹町学園女子中学校高等学校教諭）　第3章3.

蕨　知英（工学院大学附属中学校・高等学校非常勤講師）　第3章2.

「教師の自己評価」で英語授業は変わる

J-POSTL を活用した授業実践

序章　授業改善ツールとしての J-POSTL

久村 研

1. はじめに

　本書の目的は，「主体的・対話的で深い学び」という授業改善の3つの視点を実現するためのツールとして，J-POSTL（『言語教師のポートフォリオ』 *Japanese Portfolio for Student Teachers of Languages*. 大学英語教育学会〔JACET〕教育問題研究会編，2014）が有効であることを，中学・高校の現職英語教員による10余りの実践事例を基に例証し，広く一般の活用を促進することにあります。それらの事例を紹介する前に本章では，新学習指導要領の中核となる言語教育観・学習観を授業改善の観点でまとめ，J-POSTL について簡潔に紹介します。学習指導要領が目指す授業の方向性が，J-POSTL の自己評価記述文に具体的に表出されており，両者の親和性が極めて高いことを明らかにします。

2. 授業改善について

2.1　学習指導要領に見られる外国語の学習観と教育観

　2020年度から小学校を皮切りに新しく改訂された外国語学習指導要領が順次導入されます。今回の改訂では「外国語によるコミュニケーションにおける見方・考え方」という概念が導入され，実践的なコミュニケーション能力の育成方針がさらに強調されています。この概念を基盤に，学習者の資質・能力の育成を「知識及び技能」，「思考力，判断力，表現力等」，「学びに向かう力，人間性等」の3つの柱で構成し，この3つの柱を達成するために「主体的・対話的で深い学び」という授業改善の3つの視点を提示しています。この3つの柱と視点が両輪となって外国語教育が展開されることになります。

　3つの柱の「知識及び技能」は「何を理解しているか，何ができるか」，「思

考力，判断力，表現力等」は「理解していること・できることをどう使うか」，「学びに向かう力，人間性等」は「どのように社会・世界と関わり，よりよい人生を送るか」とそれぞれ言い換えられています。つまり，外国語の学習は，知識の習得ではなく，「言語を使って何ができるか」という言語の使用能力，言い換えると，言語によるコミュニケーション能力の育成に力点が置かれていると言えます。

　一方，3つの視点は，アクティブ・ラーニングを促進するために，より具体的な用語で言い換えたものと考えられます。「主体的な学び」とは，生涯にわたって外国語習得に取り組むことを意味しています。そのためには「学習の見通しを立てたり，学習したことを振り返ったりして自身の学びや変容を自覚できる場面」を設定することが必要となります。また，「対話的な学び」は，グループなどで対話する，対話によって自身の考えなどを広げたり深めたりする，学習者同士が協働する，教員と対話する，などの場面を設定することが想定されています。一方，「深い学び」の鍵は，「外国語によるコミュニケーションにおける見方・考え方を働かせる」ことと示唆されています。その構成要素には，社会や世界との関わりの中で事象を捉える，外国語やその背景にある文化を理解する，他者に十分配慮する，知識を相互に関連づける，情報を精査して考えを形成する，問題を見いだして解決策を考える，などがあります。

　学習指導要領やその解説などに記述されている以上の教育方針は，『ヨーロッパ言語共通参照枠（CEFR）』（ヨーロッパ評議会，2001）の言語学習観・教育観が色濃く反映されています。次項では，CEFR の主な理念を学習指導要領と対照して考えてみます。

2.2　CEFR の理念と学習指導要領──行動志向と生涯学習

　CEFR の主な基本理念は複言語・複文化主義，行動志向，生涯学習などの用語に表れています。複言語・複文化主義の考え方については，学習指導要領では「外国語によるコミュニケーションにおける見方・考え方」や「学びに向かう力」「深い学び」などにわずかに影響を与えていると考えられます。しかし，英語以外の外国語教育が広く推進されていない現状では，この理念の導入には至っていません。

　一方，行動志向とは言語学習・教育観を表す用語ですが，言語学習者も社会で何らかの役割を果たす言語使用者である，と見なす考え方です。具体的

には「言語を使って何ができるか」という観点から，CAN-DO 記述文で言語能力を表す方法を採用しています。教授法としては，場面・概念・機能シラバスによる，人同士の交流（インタラクション）を中心としたコミュニカティブな指導法（Communicative Language Teaching：CLT）になります。まさに，学習指導要領の 3 つの柱と 3 つの視点の「対話的学び」と合致します。

　また，生涯学習という理念では，言語は一生学ぶものであるから，学び方を身に付けること（learning to learn）を重視します。言い換えれば，自律的学習者（本書第 2 章4. 参照）の育成を目指す考え方です。日本ではこうした長期的な目標がこれまで欠落していました。「（英検や TOEIC などの）能力試験で良い成績をとる」「入試に合格する」「仕事で使える」などの目標が学習者の主な動機づけとなっています。しかし，このような目標は，多くの学習者にとって長期的な目標とはなりえず，また外発的動機づけと考えられます。これらに代わる，英語学習の長期的目標や，内発的動機づけとなりうる観点が生涯学習であり，学習指導要領では「学びに向かう力」や「主体的な学び」と通じています。

2.3　授業改善に向けて
　本書のテーマは教師の自主的な「授業改善」で，「主体的・対話的で深い学び」を実際の授業でどのように実践するかに焦点を当てています。学習指導要領解説では，「指導計画の作成と内容の取扱い」のセクションで，3 つの柱と視点に準拠しながら，かなり詳細に指導計画の作成とその内容や指導方法について説明がなされています。しかし，具体的にどのように授業を見直し，その成果をチェックしながら継続していくか，という指針は示されていません。

　新学習指導要領が CEFR の理念と親和的であることはこれまで述べてきた通りです。CEFR ではその言語教育観や学習観を促進するために，学習者や教師用の実践ツールがポートフォリオなどの形態で開発されています。言語教師用としては『ヨーロッパ言語教育履修生ポートフォリオ（EPOSTL）』（Newby et al., 2007）があり，教員養成や研修の場面で利用されています。この EPOSTL に注目して，日本の英語教育に合うよう翻案化したツールがJ-POSTL です。EPOSTL が CEFR の理念を推進する実践ツールですから，J-POSTL は新学習指導要領の実践ツールになるはずです。事実，J-POSTL と

新学習指導要領の多くの記述が合致していることが検証されています（中山・久村，2018）。

　本書では，授業改善のツールとしてJ-POSTLの活用を提案しています。第1章からの実践事例をお読みくだされば，J-POSTLが授業改善の指針として，あるいは，振り返りのツールとしていかに利用価値が高いかがお分かりいただけると思います。しかし，その前に，J-POSTLについてもう少し説明を加えておきましょう。

▌3．J-POSTLについて

3.1　J-POSTLの取得方法

　J-POSTLは市販されていません。ヨーロッパ評議会からコピーライトを受ける際の契約で市販は禁じられているからです。以下のサイトから無料でダウンロードができますので，是非アクセスしてみてください。

http://www.waseda.jp/assoc-jacetenedu/JPOSTL.htm

3.2　J-POSTLの目的

　J-POSTLの活用は，言語教育に必要な知識・技能，自己の教育経験を省察することにつながります。省察するとは，自分の学習や実践を単に振り返ることだけでなく，理論に基づいて熟慮し，新たな学習・実践に向けた準備を行うことを含みます。さらに，自分自身の授業力を自己評価し，成長を確認しながら教職課程や授業実践での経験を記録することができます。以上をまとめると，J-POSTLの目的は次の5点となります。

　・英語教師に求められる授業力を明示する
　・授業力とそれを支える基礎知識・技術の省察を促す
　・同僚や指導者との話し合いと協働を促進する
　・自らの授業の自己評価力を高める
　・成長を記録する手段を提供する

3.3　J-POSTLの構成

　J-POSTLは主として次の4つのセクションで構成されています。

自分自身について：本ポートフォリオを手にした初期の段階で，これまでの自身の成果と課題，英語教師に必要な資質・能力について考えるセクショ

ン。

自己評価記述文：英語教師に求められる資質・能力と授業力を7分野31領域180のCAN-DO形式の記述文（本章3.4参照）で挙げたセクション。（本書巻末に全記述文を掲載）

学習・実践記録（ドシエ）：成長の証（エビデンス）となる学習・研修・実践や自作の成果物（文書，資料など）を記録しておくセクションで，上記自己評価結果の裏付けとなります。

用語解説集：J-POSTLの主に自己評価記述文で使用されている言語学習と教授に関する重要な用語の説明。

　以上のうち，本書で主に活用するのは「自己評価記述文」のセクションです。原作のEPOSTLには195の記述文がありますが，これらの記述文はCEFRの言語学習観・教育観を基盤として開発されています。このうち，J-POSTLでは180の記述文が，文言や表現を日本の教育環境に適応できるよう翻案化されました。日本とヨーロッパでは教育的文脈が異なるとはいえ，言語教師に求められる資質・能力や授業力の本質と枠組みは変わらないと言えます。

3.4　J-POSTL自己評価記述文

　180の記述文は，大きく7つの分野に分けられています（次ページ図1）。この7分野は，教師に求められる知識，資質・能力，授業力，および，教育上の判断を含む領域を表しています。7分野は「Ⅰ 教育環境」「Ⅱ 教授法」「Ⅲ 教授資料の入手先」「Ⅳ 授業計画」「Ⅴ 授業実践」「Ⅵ 自立学習」「Ⅶ 評価」で，その下位にA～Gなどの記号で分類された領域があります。本書では，適宜J-POSTLの自己評価記述文を参照できるようにしました。分野はⅠ，Ⅱ，Ⅲ…のローマ数字，領域はA，B，C…のアルファベット，各領域の記述文は1，2，3…のアラビア数字で表され，例えば［J-Ⅰ-A-1］とあれば，J-POSTLの「Ⅰ 教育環境」分野「A. 教育課程」領域の1番目の記述文であることを示しています。この参照記号がある場合は，巻末の自己評価記述文一覧を確認してください。

3.5　現職教員のためのJ-POSTLの利用法

　日常の校務や生徒指導に追われ，教材研究や授業の準備の時間もなかなか

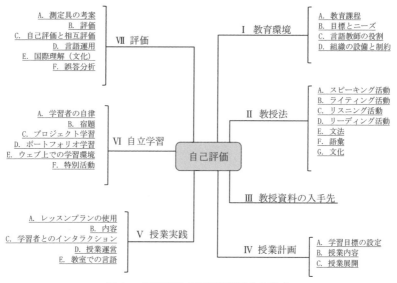

A. 測定具の考案
B. 評価
C. 自己評価と相互評価　VII 評価
D. 言語運用
E. 国際理解（文化）
F. 誤答分析

I 教育環境
A. 教育課程
B. 目標とニーズ
C. 言語教師の役割
D. 組織の設備と制約

II 教授法
A. スピーキング活動
B. ライティング活動
C. リスニング活動
D. リーディング活動
E. 文法
F. 語彙
G. 文化

A. 学習者の自律
B. 宿題
C. プロジェクト学習　VI 自立学習
D. ポートフォリオ学習
E. ウェブ上での学習環境
F. 特別活動

自己評価

III 教授資料の入手先

A. レッスンプランの使用
B. 内容
C. 学習者とのインタラクション　V 授業実践
D. 授業運営
E. 教室での言語

IV 授業計画
A. 学習目標の設定
B. 授業内容
C. 授業展開

図 1　J-POSTL 自己評価記述文の構成

取れない現職教員にとって，J-POSTLのような教員のためのポートフォリオ
を新たに導入することは困難なことに思えるかもしれません。これまで，学
会発表や研修会において，あるいは，専門誌の誌上において，J-POSTLやそ
の利用法について様々な疑問・質問が出ました。それらの中で，代表的なも
のを，以下 Q & A の形でまとめますが，第1章以降の実践事例からより具
体的な回答が得られるでしょう。

Q1：自己評価記述文は単なるチェック・リストではないか。

　A：自己評価記述文は，言語教師の資質・能力と授業力に関して系統的な
　　考え方を提供していますが，単なるチェック・リストではありません。
　　180すべての記述文に目を通し，自分の授業力について自己評価する
　　のは，年2回程度で十分であり，また，適宜取捨選択して利用する方
　　法もあります。本書の実践者のように，記述文の中から，自身の能力
　　を再評価するものを見つけたり，自身が抱えている課題を発見したり，
　　あるいは，年間や学期ごとの授業の目標や授業改善のテーマを絞った
　　りする際の活用も考えられます。また，カリキュラム・マネジメント
　　の観点から，他者と共有することで校内研修や同僚間の意見交換が促

進され，教師としての専門意識を高める役割を果たすことが期待され
ます。

Q2：教師の資質・能力をこのように細かく規定するのは，教師の独創性や
柔軟性を奪うのではないか。

A：J-POSTL は特定の教育原理や教育方法を押し付けるものではなく，独
善的でも教条的でもありません。CEFR の理念を含め，これまでの教
育学，教育方法学，教科教育法などの知見が反映されていますが，す
べての記述文が個々の教育環境や教師に当てはまるとは考えられませ
ん。あくまでも，基本的な資質・能力と授業力を明示し，その枠組み
を表したもので，修正，削除，加筆は自由です。

Q3：自己評価記述文にはあいまいな記述や表現が多いのではないか。

A：教育環境は多様です。記述文は，様々な状況でも解釈し実践できるよ
うに一般的な記述になっています。例えば，パラグラフの構成を考え
てみましょう。パラグラフは1つの主題に対して，主題文と複数の支
持文で構成されます。自己評価記述文はこのうちの主題文に当たりま
す。複数の支持文は，具体的な場面や活動例になりますがそれらは記
述されていません。つまり，主題文だけが与えられ，支持文は利用者
の教育経験や課題によってさまざまな解釈や論点の設定が可能となり
ます。本書の中にも，記述文の解釈が個人の教育経験によって異なる
事例が紹介されています。

Q4：特に初任者にとって未経験の記述文は，自己評価することは難しくな
いか。

A：これまでの学習経験や教職課程で学んだことを基に考えてみることが
重要です。「〜できる」ではなく，「〜の方法について実践の準備がで
きている」と言い換えて，自己評価をしてみるとよいでしょう。本書
の第5章1. に初任者の研修事例があります。「できる」と思っていた
ことが現実にはうまくいかなかったり，「できない」と思っていたこ
とでも少しずつ感触をつかんだりしていますが，自己評価は揺れてい
ます。このように，初任者には不確定要素が多いので，最初から「難
しい」と考えるのではなく，自分の経験を振り返りながら，自己評価

を徐々に修正していくとよいでしょう。

Q5：自己評価記述文の一部を利用して，教員評価の規準や研修・講習プログラムを策定することは可能か。

A：J-POSTL は教師自身の省察と自己評価のために利用するツールです。教師が自己評価したものを基に，教員評価を行うことは本来の活用方法とは相容れません。しかし，本書の第5章3. の事例のように，記述文を利用して評価の観点を作ることは可能です。各学校や各教育委員会の教育目標に沿って，記述文を選び規準を策定することは問題ありません。また，研修や講習のプログラムでは，自己評価記述文の7分野のうちどの分野を，あるいは，どの領域を，あるいは，どの記述文を重点的に組み入れるかを決めることは，むしろ推奨できます。J-POSTL を現職教員研修に導入し，その教育効果を実感してほしいと考えています。

▌4. まとめ

「学ぶ」という行為は，教師ではなく，学ぶ側，つまり生徒に属する行為であり，生徒が理解したり納得したりしたかどうかが重要です。教師が教えれば生徒は学ぶ，というのは実は順序が逆で，生徒が学ぶと教師の教えが成立する。つまり，「学んだ」「分かった」という状態になった時にはじめて「教えてもらった」と実感するのです。授業改善に当たって，教師はまず「学んだかどうか」は，「どれだけ指導したかではなく，学習者の学びの成果にある」という観点を意識しておく必要があります。J-POSTL の自己評価記述文を利用すると，この観点を具体的に実感することができるようになります。

「教える」，言い換えると，知識や技能を「伝授する」という文脈において，授業中に教師が生徒に求めるのは，教師の指導に行儀よく従って，必要な時だけ発言するという姿勢です。つまり，教師が能動的，生徒は受動的という構図です。一方，教師が知識や技能の伝授者の役割をやめる場合には，生徒の参加や発言を積極的に促し（[J-V-C-2, 3] 参照。以下同），これまで教師が占有していた時間を生徒に明け渡すことになります。それに伴って教師は様々な役割を果たすことを覚悟せねばなりません。学習者のニーズや活動の種類などに応じた情報提供者，調整役，監督などの役割です（[J-V-D-3] 参照。以下同）。

　生徒が目標言語を可能な限り使用し，その習得を目指す環境（授業）を作るには，教師が果たす役割はとても重要な要素となります。教師の授業中の行動や振る舞いには，言語教育に対する認識と授業力が反映されるからです。外国語学習の目標とニーズを理解し（［J- I -B-1〜6］），その意義や利点を説明したり（［J- I -C-1］），生徒や同僚などからのフィードバックを受け入れて授業を改善したり（［J- I -C-4〜6］）するなど，生徒の「学びたい」という気持ちを刺激して学ぶ環境を維持することによって自立を促すことを考える必要があります。さらに，「伝授者」であれば想定できない生徒個々に対するきめ細かな支援も求められます。生徒が自分の学習目標や計画を立てたり，学習過程や成果を自己評価したり，省察したりすることができるように支援する（［J-Ⅵ-A-2〜5］），また，自身の学習に責任を持つ姿勢を育成するための支援の一環として，授業計画や評価にも参加させる（［J-Ⅳ-B-10 ；Ⅳ-C-6 ；Ⅶ -C-2］）ことも考える必要があります。

　生徒の学びを適切に促し，場合によっては scaffolding（足場掛け）を行いながら，生徒が個人で，あるいは，協同して学ぶことができるよう，教師はそばで見守りながら，肝心なことは確認・指摘・説明する（教える）ことが大切です。過剰な期待をかけたり，生徒の怠慢を叱責したりするのは得策ではありません。教師が受動的になり，生徒が能動的になれば教育効果は上がります。

　第 1 章以降は，J-POSTL が授業改善にどのように活かされ，教師が変わり，授業が変わり，生徒が変わったのかを示す実践事例を紹介します。

第1章
指導法を見直す

1. インタラクションを重視した技能統合型の英語授業［高校］

大久保泰希

　伝統ある県立の大学進学校における読解を中心とした講義型の授業から，題材の内容を重視し，技能統合型の指導を行うことを目指した授業実践を紹介します。J-POSTL の指導法の自己評価記述文を授業設計の視点として，ICT 教具を活用した理解活動の効率化と，インタラクションを重視した生徒主体の授業を目指しました。さらに，4 技能を統合しながら活動を組み立てることで，学習者が多面的に題材を味わいながら学習項目の定着を図れるよう支援しました。この結果，内容を中心に授業を設計すると，必然的に技能統合型の授業にたどり着き，実践者の指導力と生徒の英語力の向上につながることがわかりました。

〈キーワード〉インタラクション，技能統合，ICT

1. 背景

1.1　勤務校の環境

　実践者は北関東にある地域の中核的な進学校に勤めています。1 学年 7 ～ 8 クラス規模の男子校で，在校生のほぼ全員が大学進学を希望しており，約半数の生徒が現役で国公立大学に合格しています。また，2016年 4 月から文部科学省よりスーパーサイエンスハイスクール（SSH）指定を受け，先端科学分野で国際的に活躍できる科学技術人材等を育成するためのカリキュラム，及び指導法の開発と実践に取り組んでいます。難関大学への進学を目指す生

徒が多いため学習意欲が高く，英語の授業では活発な質問や意見交換が行われます。授業では，英文の精読を通じて確かな読解力の育成を目指していて，予習における生徒の理解度を授業で確認し，演習に取り組ませることで学習事項の定着を図っています。

1.2　実践者について

　初任校は県北部の小規模校で4年間勤務しました。進路多様校であったため，英語学習が必ずしも進路に大きく影響する生徒ばかりではありませんでした。教職5年目から勤務する現任校は地域の進学校で，難関とされる大学の入試を突破できる力を身につけさせるために読解力向上を指導の主眼としてきました。授業は予習を必須とし，本文の内容理解に焦点を当てた活動を行ってました。また，週末には長文読解問題や文法演習，英作文演習の課題を課してきました。生徒の英語学習量は必然的に多くなり，与えられた課題をこなすことに終始する生徒も少なくありません。そこで，教科書の題材を中心とした技能統合型の授業を行い，生徒の興味・関心を高めつつ，思考力・表現力を伸ばす指導を目指すようになりました。

1.3　授業改善の課題：読解中心から技能統合型の授業への転換

　前述の通り，本校英語科の指導方針は生徒に難関大学入試を突破するための読解力を身につけさせることです。いわゆる文法訳読式授業が行われていましたが，一方的な講義型の授業では生徒の集中力を持続させ，思考力と表現力を十分に伸ばすことは難しいと考えていました。授業ではリーディングやリスニングといった理解の活動に終始せず，生徒が学んだ言語材料を活用して教科書の題材に関する意見や考えを表現する機会を取り入れることにしました。その際に，以下のJ-POSTL自己評価記述文（以下，記述文）を授業設計の視点としました。

・自分の意見，身の回りのことおよび自国の文化などについて伝える力を育成するための活動を設定できる。[J-Ⅱ-A-2]
・語彙や文法知識などを用いて正確に話す力を育成するための音声指導ができる。[J-Ⅱ-A-6]
・学習者がEメールなどのやりとりを行うのを支援する活動を設定できる。[J-Ⅱ-B-3]

・学習者が学習した綴り，語彙や文法などの定着に役立つライティング活動
　を設定できる。[J-Ⅱ-B-6]

2. 授業改善の目標と方法

2.1　理解活動の効率化と表現活動の充実

　従来の読解中心型授業では，生徒は教師による講義を聞きながら英文を理
解することが主眼とされ，言語知識の定着を図るための練習の機会が乏しい
と言えます。限りある授業時間内で生徒の言語発達を促すためには，効率的
な活動の組み立てが不可欠です。図1が示すように言語習得の過程において
は，言語そのものがどのような形式・意味・機能を果たすのかを理解した上
で，様々な形態の練習をすることが必要となります。初めは文法・語法上の
誤りを数多く伴いますが，教師や友人らからフィードバックを受けることで
言語への気づきが高まり，言語発達が促されると言われています（Crabbe,
2010）。そこで，ICT教具を活用することで理解の活動を効率的に展開し，
捻出された時間で生徒が練習をする機会を確保しようと考えました。

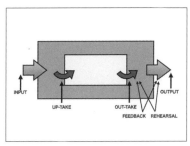

図1　Language Development Framework Opportunities Model（Crabbe, 2010）

2.2　インタラクションを重視した英語授業

　もう一つの授業改善の視点として，授業内のやり取り（インタラクショ
ン）を強化することを目指しました。学校英語教育の特徴は生徒がクラス集
団の中で学習に臨むという点にあります。クラスサイズが大きくなるにつれ
て教師のコントロールが難しくなり，講義型の授業に終始しがちですが，こ
の特徴を活かす学習形態としてやり取りを重視した授業が考えられます。授
業の活動はやり取りを基調として，生徒の反応をよく観察しながら授業をす

ることに努めました。また，教師と生徒のやり取りだけでなく，生徒同士の
やり取りを活性化することで，間違いを恐れずに授業に参加できる雰囲気を
作ろうとしました。生徒同士で練習する機会を設けることで，言語と内容に
関する気づきを促しながら学習事項の定着を図りました。

2.3　技能統合型の英語授業
　難関とされる大学入試を突破するためには，国語力を基盤とした確かな読
解力に加え，物事を批判的・論理的に考え，自分の意見や考えを表現する力
が必要とされます。そこで，授業においては教科書の題材を中心としてタス
クを組み，生徒の思考力・判断力・表現力を伸ばす授業を目指しました。読
解を中心としながらも，英文の内容について深く考え意見を伝え合う活動を
取り入れ，技能統合型の授業を志向しました。

2.4　実践クラスと授業構成
学期： 3学期制

クラス構成： 1学年8クラスで構成されます。1年生は通常クラスで， 2年
　生は文系・理系クラスに分かれます。

コマ数・授業時間： 1・2年生の「コミュニケーション英語Ⅰ/Ⅱ」の授業
　です。授業時間は通常の高校より長い65分間で，単位数の都合上， 2種類
　の時間割が隔週で実施されています。「コミュニケーション英語」は週3
　時間，「英語表現」は週2時間行われます。

使用教科書： *Perspective English Communication I/II*（第一学習社）。副教材
　として授業担当教員による授業プリントを使用します。この教材は難関大
　学の入学試験を想定した，読解を中心とした記述式問題で構成され，レッ
　スンごとに担当教員が輪番で作成します。

他の教員との連携：持ち回りで授業プリントを作成する際には相互に意見を
　交換します。こうすることで，学年として生徒に身につけさせたい読解力
　を共有できます。授業形態については，各担当教員に委ねられていて自由
　度は高いと言えます。

授業方針：学年の英語科の指導方針は，思考を伴った英文読解力を身につけ
　させることです。授業では読解に終始せず，扱った題材の理解を深められ
　るような技能統合型の言語活動を設定し，生徒が情報や考えを伝え合うこ
　とで思考力・判断力・表現力を伸ばせる授業を目指しました。生徒には精

読を中心とした授業プリントの設問に答えるという予習を課しました。授業では題材理解の活動を効率的に展開し，捻出された時間で表現の活動を展開しました。

3. 授業実践

3.1 理解活動の効率化

難関とされる大学入試を突破するためには，確かな読解力はもちろんのこと，自分の解釈を日本語や英語で表現する必要があります。そのためには，読解という理解・解釈の活動に終始せず，教科書本文を読むことに関連させた表現活動を行うことが重要と考えました。そこで理解の活動の効率化を図るために，ICT 教具を活用して以下の実践を行いました。

まず，語彙指導に Quizlet というオンライン上の語彙学習ツールを利用しました。このツールは日本語と英語の単語を入力すると，瞬時にフラッシュカードが作成され，スクリーン上に提示することができます（図2左）。関連した画像を添付することで，生徒に語彙のイメージスキーマを提示することもでき，「英語→日本語」「日本語→英語」「日英両方」という3種類の提示の仕方を選択することもできます。単語をランダムに提示する機能も兼ね備えており，生徒の語彙定着度をその場で確認することも可能です。実践者の以前の授業では，語彙指導に関してはプリントを配布して新出単語の音声・意味の確認をするなどで終えることが多かったのですが，このツールを活用することで，生徒の反応を見ながら臨機応変にスクリーン上で提示方法を変えつつ，やり取りをしながら語彙指導をすることが可能になりました。また，使用した学習セットは URL を共有することで，生徒は家庭学習の際に個人のスマートフォンで語彙学習に取り組むことができます（図2中・

図2　Quizlet 操作画面（左：パソコン　中・右：スマートフォン）

右）。

　精読の活動では，教員が教科書本文の解説を一方的に行うことが多くなります。実践者もこれまで黒板に教科書の本文を書き写し，そこに重要事項を書き込みながら解説を行っていましたが，本実践では本文ノートを印刷したプリントを生徒に配布し，iOS アプリの Good-Notes に本文ノートの PDF ファイルを取り込んだものをプロジェクターで投影し，iPad 上で書き込みをしながら解説を行いました（図3）。こうすることで，教員の板書量を大幅に削減することができ，生徒と教員が同じものを目にすることで効率的に指導することができました。

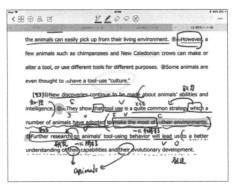

図3　本文板書のデジタル化

　解説を書き込んだ iPad 上のファイルを英語学習ポータルサイトに掲載し，生徒が家庭学習の際に個人のスマートフォンで閲覧できるようにしました（次ページ図4）。このポータルサイトは Edmodo という教育系 SNS を利用して作成しました。教員と生徒のみが利用できるグループなので，他人に閲覧されることなく安全に使用することができます。このように授業で使用したスライドや教材をポータルサイト上に掲載することで，生徒の教室外での学びも支援しました。従来の精読活動は教員と生徒がやり取りをしながら行ったとしても，生徒は一度ですべての内容を理解するのは容易でありません。授業中の理解の活動時間をスリム化したからこそ，生徒が自立して復習するための学習環境を整えられたと考えます。

図４　英語学習ポータルサイト（スマートフォン画面）

3.2　インタラクションを重視した英語授業

　教科書本文理解の活動の後は，教科書本文の言語材料を定着させる練習と，内容を中心に据えた表現活動を設定しました。その際にペアやグループで言語活動に取り組ませることで，お互いの英語表現から学び合う機会を確保しました。言語材料の定着を図るために音読とリテリング，リプロダクションを行いました。

3.2.1　音読

　音読は次のパターンから数種類行うことで，繰り返し取り組めるようにしました。
・Listen & Repeat：文やチャンクごとに教員の音読に続いて生徒が音読する。
・Pair Reading：生徒同士でペアを組み１文ごとに音読する。
　ペン置き音読（教科書本文上にペンを置き，見えないところは推測をしながら音読する）／追っかけ音読（ペアを組みどちらが速く読み終えるか競いながら音読する）
・Read & Look up：Listen & Repeat の際に，生徒は本文を見ずに再生をする。
・Overlapping：本文音声を聞いて，音声に重ねるように本文を音読する。
・Shadowing：本文音声を聞いて，本文を見ずに聞こえてきた音声を再生する。

3.2.2　リテリング

　大学入試で近年増える傾向にある受験者の英語での表現力を問う問題の対策として，リテリング活動は効果があると考えます。すでに読んだり話したりした内容や，その際に使われた言語材料を活用して書く練習をすることができるからです。

　まず，本文に関連したキーワードと視覚資料をスクリーン上に提示しました。これらを基にしてまずは口頭で要約をさせるために，1分間の準備時間を与えました。ノートを取ることは許可しましたが，自分が実際に話す英文ではなく，話すためのメモに留めることを強調しました。要約を口頭で相手に伝える際は時間内に収まるように意識させ，複数回取り組ませました。話し手と聞き手でペアを組み，話し手は3回連続で内容を要約しますが，1回目は1分半，2回目は1分，3回目は45秒と徐々に時間を短く設定し，要点を絞りながら話すよう意識させました（図5）。その後，リテリングで伝えあった内容をまとまりのある英文で書かせました。生徒が書いた要約（次ページ図6）を回収し，個別に内容と文法・語法上のフィードバックを与えました。

図5　リテリング活動の様子

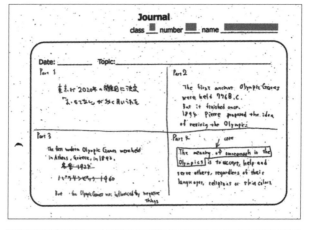

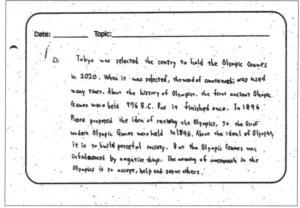

図6 生徒が作成したメモ（上）と要約（下）

3.2.3 リプロダクション

　前述の学習事項の定着を図る活動に加えて，教科書の内容に関連した言語活動に取り組ませました。生徒の思考力を伸ばすためには，扱う題材を自分事として考えさせる必要があります。そこで，登場人物になりきったロールプレイに取り組ませました。

　マララ・ユースフザイさんが命の危険を冒しながらも女子教育の推進に尽力した話を扱ったレッスンでは，以下のような状況を設定しロールプレイを行いました：

　マララさんは女子教育の推進に貢献したとしてノーベル平和賞を受賞しま

した。この度，受賞を記念して母校であるパキスタンの女子学校で講演会を行うことになりました。講演会は大成功で，最後に質疑応答の場面がありました。マララさんはある女子生徒から質問を受けることになりました。

生徒たちはペアを組み，それぞれに設定と役割を与えました。これらの状況は図7にあるようにプレゼンテーション・スライドを用いてスクリーン上に提示しました。

Malala	**A Girl**
(1) 生徒からの質問を1つ受けて、それについて答えてください。	(1) 講演の内容の最後に、 **"One Child, one teacher, one book and one pen can change the world."** というメッセージをもらいました。
(2) その質問に対しては、なぜそのように思うのかなるべく詳しく説明してください。	(2) このことについて、詳しく教えてもらった後、簡単に感想を述べてください。
(3) 少女たちが前向きになるような言葉を送ってください。	

図7　ロールプレイで提示したプレゼンテーション・スライド

　登場人物になりきるという状況のもと，インフォメーション・ギャップを用いることで，相手の発話を踏まえて自分の意見や考えを述べるという意味のあるやり取りを行わせました。また，このレッスンで一番重要な英文，"One child, one teacher, one book and one pen can change the world." を引用することで，これが何を意味するか，どんなメッセージを伝えているのかを考えさせました。この表現活動においても，活動の最後にクラス全体に向けてロールプレイでどんな表現を使ったかを質問しながら，内容と表現に関するフィードバックを与えました。また，「マララさんのこのメッセージをどのように解釈するか」というテーマで短いエッセイを書かせました。その際には生徒が教科書を真剣に読み直し，「書く」活動のために「読む」活動を生徒自ら進んで行う様子が見られました。内容を重視した言語活動を設定すると，必然的に技能統合型の授業になることが感じられる瞬間でした。

3.3　技能統合型の英語授業改善

　3.1および3.2で述べたように，本実践では語彙学習や読解指導といった理

解の活動をスリム化し，表現の活動を展開することで生徒の言語発達を促す授業を構成しました。しかし，この実践を続けていくうちにある問題に直面しました。それは，理解の活動に終始することなく表現の活動まで展開できるものの，それぞれの活動が有機的に結びついていないということでした。たとえば，始めに教科書本文を精読させますが，なぜその英文を読むのかといった動機づけが不十分だと，読解のための読解になってしまうことに気がつきました。また，実践者は当初，充実した表現の活動を展開するために，記述文のうち「スピーキング」「ライティング」に関する項目に焦点を当てました。しかし，本当の意味で有意義な表現活動を行うためには，インプットにあたるリスニングとリーディングの指導を工夫する必要があるのではないかと考えました。そこで，さらなる授業改善の視点として，以下の新たな記述文を参照しました。

・リスニングと他のスキルの懸け橋となる様々なポスト・リスニング活動を設定できる。[J-Ⅱ-C-7]
・読む目的（スキミング，スキャニングなど）に合わせ，リーディング・ストラテジーの練習と向上のために様々な活動を展開できる。[J-Ⅱ-D-5]
・リーディングとその他のスキルを関連づけるような様々な読んだ後の活動を選択できる。[J-Ⅱ-D-7]

　これらの記述文から，次のような授業改善のヒントを得ることができました。それは，必ずしも「読んだり」「聞いたり」する活動から「話したり」「書いたり」する活動に移る必要はなく，それらの技能を統合した活動を設定することで，教科書の題材をより深く学ぶ動機を与えられるということです。そこで，理解の活動の中核となる精読につながるタスクとして，精読活動の前にオーラル・リプロダクションに取り組ませました。
【オーラル・リプロダクション】
(1) 本文を聞く
(2) 聞き取れた情報をペアで確認する
(3) もう一度本文を聞く
(4) 日本語か英語で45秒間の要約を口頭で行う

　一般的な英語授業では，リテリングやリプロダクションは読解活動後に行

うことが多いと思います。しかし，こうした要約活動をリスニング活動と組み合わせることで本文内容の大意を掴ませ，読解活動に円滑に接続することができます。聞き取れた情報を基に即興で要約させるのは決して簡単なことではありませんが，限られた情報を基に要約させることで，内容を予想させることができます。また，要約として表現できなかった項目は，読解活動における読み取りのポイントとして個々の生徒に意識化され，英文を読みこむ動機づけとなります。さらに，読解活動の後に再度リテリングやリプロダクションの要約活動に取り組ませることで，学習事項の定着を実感させることができます。

▌4. 実践の成果と今後の課題

4.1　理解の活動の効率化

　ICT教具を活用することで，実践者の説明にかかる時間は1コマで15分ほどに抑えられました。教科書本文の理解の活動の効率化を図ることは，授業時間にゆとりを持たせるだけでなく，教員側の負担軽減にもつながりました。板書量が多くなりそうな内容でも，提示する資料の下準備をしておけばスクリーン上で瞬時に示すことができ，必要に応じて生徒は授業後にポータルサイトで資料を閲覧することができます。学期末に実施する授業アンケートでは，「本文ノートをスマートフォンで閲覧できて安心できる」との回答を得られたことから，生徒の教室外での学びの支援となったことがわかります。今後，教材を同僚と共有することによって，教材の改善や授業準備にかける負担軽減にもつながると期待しています。

4.2　インタラクションを重視した技能統合型の英語授業

　1年間の指導を振り返るために，コミュニケーション英語Ⅰを受講した1年生を対象に授業アンケートを実施しました。「どんな活動が役に立ったか」という質問では，半数以上が「ペアでの音読練習」「教科書の内容を話すこと」「自分の意見を相手に伝えること」といった，やり取りを通したクラスメートとの協同学習を挙げました。また，やり取りをすることで自分が理解できているかを確認でき，安心して授業に臨めたという回答も見られました。このように，従来の教員の一方的な解説による本文理解中心の授業ではなく，本実践のように，インタラクションを重視し内容の理解を深める活動を中心とした授業に生徒の多くが好意的であることがわかりました。

4.3　自己省察

　技能統合という発想を授業に取り入れることで，生徒主体の英語授業を設計することができました。生徒が前向きに言語活動に取り組む姿を見ると，講義中心型の授業にはもう戻れないと思います。今回の実践から内容を中心に授業を設計すると，必然的に技能統合型の授業にたどり着くことがわかりました。

　今回の授業実践では，記述文「教授法」から授業改善のヒントを得て，読解を中心とした講義型授業から内容理解と内容に関連させた技能統合型授業へと転換するきっかけとなりました。実践者自身の大きな変化としては，授業改善の視点がスピーキング・ライティング活動の充実からリスニング・リーディング活動との円滑な接続に変化したことが挙げられます。当初，検討していた記述文から別のものにも視点を移したことで，新たな授業設計の視点を得ることができました。こうした J-POSTL を活用したさらなる授業改善は，今後の実践者の指導力向上と生徒の英語力向上につながると信じています。

2. リメディアル教育の取り組み——文法の学び直しから定着へ［高校］

松本晴子

「自己啓発指導重点校」に指定された県立高等学校が，13年に及ぶ授業改善で立ち直りました。実践者はその当事者の一人です。リメディアル教育は，大学ばかりでなく高校においても必要です。中学校での学びが十分ではなく，授業についていけない生徒が大勢います。高校では「学び直し」と言い，つまずいたところまで戻って「わかる喜び」「学ぶ楽しさ」を体験し，生涯教育につなげようとする目的を持っています。本稿では，実践校の授業改革の経過を学習指導面から振り返り，改善に必要とされた教員の資質・能力を J-POSTL の指導法の記述文と照合し，さらに，新たな課題への取り組みを紹介します。

〈キーワード〉学び直し，基礎英語力，達成感，ディクトグロス

1. 背景

1.1 勤務校の立て直しの歴史：ゼロからの出発

　実践者の勤務校は教育困難校でしたが，2003年に「自己啓発指導重点校」に指定され，その翌年に新校長が着任し「学校の立て直し」が始まりました。その3本柱の1つが「マルチベーシック」（以下「マルチ」）という学校設定教科でした。国語，数学，英語，理科，社会の5教科の教員全員で手分けして，手作りプリントを「基礎・標準・発展」の3段階で作成しました。初めはB4版の両面にびっしりと問題を並べましたが，生徒はその量に圧倒されて，途中でやる気をなくすのがわかり，1回分の授業をA6版3枚に収めま

した。そしてステップ1を基礎，ステップ2を標準，ステップ3を発展としました。科目によっては，基礎段階は小学校の学習内容までさかのぼって，少しずつ，ゆっくりと自力で解ける問題にしました。生徒は各自1つのステップが終わると教員に採点してもらい，次のステップへ進むことができました。A6という小さい用紙サイズの問題を少しずつ解いていく方式は，少しずつならたくさん食べられるという意味で「わんこそば方式」と命名されました。授業の終わりに，生徒たちは「マルチベーシック診断カルテ（以下，「診断カルテ」：図1）に，終了したステップまでを鉛筆で塗りつぶし，その都度教員に提出しました。

	氏名（　　　　　　）		1年（　）組（　）番					
	学　習　内　容	G (0)	F (2)	E (5)	D (20)	C (40)	B (50)	A (60)
1	アルファベット① アルファベットの順番とローマ字	未評価	S1・表完成	S1・裏完成	S2・表完成	S2・裏完成	S3・表完成	S3・裏完成
2	アルファベット② アルファベットの順番と英単語に慣れる	未評価	S1・表完成	S1・裏完成	S2・表完成	S2・裏完成	S3・表完成	S3・裏完成
3	アルファベット③ アルファベットの順番と英単語になれる	未評価	S1・表完成	S1・裏完成	S2・表完成	S2・裏完成	S3・表完成	S3・裏完成
4	英語の綴り	未評価	S1・表完成	S1・裏完成	S2・表完成	S2・裏完成	S3・表完成	S3・裏完成
5	母音の綴り① 【イー】と【ウー】	未評価	S1・表完成	S1・裏完成	S2・表完成	S2・裏完成	S3・表完成	S3・裏完成
6	母音の綴り② 【イ】と【ウ】	未評価	S1・表完成	S1・裏完成	S2・表完成	S2・裏完成	S3・表完成	S3・裏完成
7	英単語に慣れよう① 綴りの類似した単語	未評価	S1・表完成	S1・裏完成	S2・表完成	S2・裏完成	S3・表完成	S3・裏完成
8	母音の綴り③ 【オー】と【アー】	未評価	S1・表完成	S1・裏完成	S2・表完成	S2・裏完成	S3・表完成	S3・裏完成
9	英単語に慣れよう② 職業名、人称代名詞の主格と目的格	未評価	S1・表完成	S1・裏完成	S2・表完成	S2・裏完成	S3・表完成	S3・裏完成
10	英母音の綴りの復習	未評価	S1・表完成	S1・裏完成	S2・表完成	S2・裏完成	S3・表完成	S3・裏完成
11	英単語に慣れよう③ 類似した単語、名詞の複数形の導入①	未評価	S1・表完成	S1・裏完成	S2・表完成	S2・裏完成	S3・表完成	S3・裏完成

図1　マルチベーシック診断カルテ

　国語，数学，英語は週1回のペースで実施され，返却されたプリントは各自がA6ファイルに綴じておきます。学年の終わりには，個人によりファイルの厚みに差が出るものの，約2センチのファイルと「診断カルテ」は学習の結果が量的に視覚化でき，生徒は達成感を得ることができました。ファイルを手にして「わかったことがこんなにあったんだ」という生徒の声を聞いて，教員も喜びを共有しました。「マルチⅠ」は1年時に25回分（図2，図3），「マルチⅡ」（次々ページ図4）は2年時に21回分，スモールステップ方式で知識が積み上がっていくように編集してあります。2005年度末には，5教科で650ページにも及んだ「マルチベーシックⅠ，Ⅱの実践」が書籍として出版され，「マルチベーシックⅢの実践」も翌年出版されました。

マルチベーシックⅠ　英語　③　アルファベット③ステップ 1
クラス（　）番号（　）名前（　　　　　）

<練習1> アルファベットの順番を覚えることは、辞書をひく時に絶対必要となります。また、仕事に就いた時に商品をアルファベット順に並べたりするのに、絶対に覚えておく必要があると思います。アルファベットの順番がそのアルファベットの数値という設定で、次の計算をしてください。少しややこしいので次の例を参考に問題を解いてください。

（例　A + C = 4 (Aは1番目のアルファベットなので「1」Cは3番目のアルファベットなので「3」、よって(A+C)は(1+3)で(4)ということになります。）

1	A＋D＝	9	V－I＝
2	C＋L＝	10	K－d＝
3	r＋g＝	11	X＋J＝
4	J＋N＝	12	O＋F＝
5	d＋q＝	13	M＋T＝
6	b＋z＝	14	b＋e＝
7	Y－R＝	15	q＋n＝
8	U－S＝	16	G＋H＝

下の表にアルファベットを書いてから解くと計算は簡単だと思います。

1	2	3	4	5	6	7	8	9
10	11	12	13	14	15	16	17	18
19	20	21	22	23	24	25	26	

<練習2> 下のマスの中には、26種類のうち24種類のアルファベットしか書かれていません。その書かれていないアルファベットを2つずつ見つけよう！

（大文字編）

S	G	N	B	G	I
A	D	O	M	L	A
V	N	B	O	R	Z
L	H	P	E	D	Y
O	K	T	C	Z	E
X	F	G	Q	U	H

（小文字編）

m	x	r	j	e	h
u	o	f	u	s	b
t	c	a	t	h	g
g	k	v	z	b	y
e	r	n	p	f	s
w	q	a	n	w	l

書かれていないアルファベットは…　　　　　　書かれていないアルファベットは…
　　　　＿＿＿＿　と　＿＿＿＿　　　　　　　　　＿＿＿＿　と　＿＿＿＿

<練習3> 上の<練習2>のマスの中をよく見てみましょう。（大文字編）にも（小文字編）にもそれぞれ英単語が1つ隠れています。それを見つけてみましょう。
ヒントを参考にしてください。

ヒント：（大文字編）に隠れている単語は4文字、（小文字編）は3文字です。

（大文字編）に隠れている単語は…　　　　（小文字編）に隠れている単語は…

図２　マルチベーシックⅠ　例１

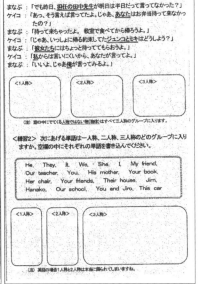

マルチベーシックⅠ　英語　18　三単現の〜S①ステップ 1
クラス（　）番号（　）名前（　　　　　）

今回は人称について学習します

人称の考え方は、① 自分を一人称
② 目の前にいる人を二人称
③ その場にいないが話題にあがってくる人を三人称
と考えます。

（注）人称は人数では、ありません。二人称が2人などでなく、あくまでも目の前にいる人。自分から考えて1番目、目の前にいる人が2番目、話題にあがる人(物)が3番目と考えてもいいと思います。

二人称（目の前にいる人）あなた、あなたたち
一人称（自分）私、ぼく、俺
三人称（話題にあがる人）「俺の友達が〜」「ケイコさんが〜」

<練習1> 次の会話文の中に出てくる二重線部分の人物を表す語を1人称、2人称、3人称のグループに分けてください。ケイコとまなぶの会話です。※わかりやすくから人称の前の数字には算用数字を用いています。

まなぶ：「おまえさあ、今日弁当持ってきた？」
ケイコ：「当たり前でしょ、今朝お母さんが作ってくれたんだもん。」

まなぶ：「でも昨日、担任の田中先生が明日は半日だって言ってなかった？」
ケイコ：「あっ、そう言えば言ってたよ。じゃあ、あなたはお弁当持って来なかったの？」
まなぶ：「持って来ちゃったよ。教室で食べてから帰ろうよ。」
ケイコ：「じゃあ、いっしょに帰る約束してたジュンとミキはどうしよう？」
まなぶ：「彼女たちにはちょっと待っててもらおうか。」
ケイコ：「私からは言いにくいから、あなたが言ってよ。」
まなぶ：「いいよ、じゃあ俺が言ってみるよ。」

<1人称>　　　<2人称>　　　<3人称>

（注）話の中にでてくる人物ではない(物)はすべて三人称のグループに入ります。

<練習2> 次にあげる単語は一人称、二人称、三人称のどのグループに入りますか。空欄の中にそれぞれの単語を書き込んでください。

He, They, It, We, She, I, My friend, Our teacher, You, His mother, Your book, Her chair, Your friends, Their house, Jim, Hanako, Our school, You and Jiro, This car

<1人称>　　　<2人称>　　　<3人称>

（注）英語の場合1人称と2人称は本当に限られていますね。

図３　マルチベーシックⅠ　例２

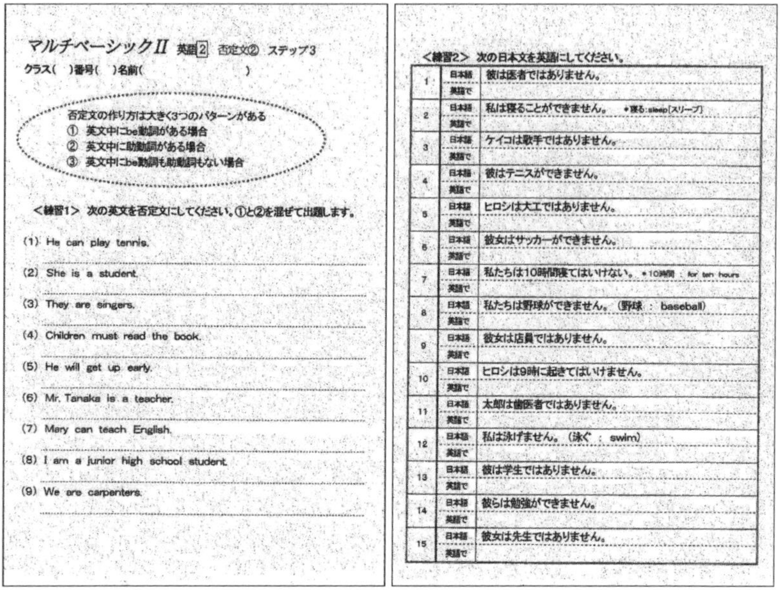

マルチベーシックII　英語2　否定文②　ステップ3
クラス(　)番号(　)名前(　　　　　　)

否定文の作り方は大きく3つのパターンがある
① 英文中にbe動詞がある場合
② 英文中に助動詞がある場合
③ 英文中にbe動詞も助動詞もない場合

<練習1> 次の英文を否定文にしてください。①と②を混ぜて出題します。

(1) He can play tennis.
(2) She is a student.
(3) They are singers.
(4) Children must read the book.
(5) He will get up early.
(6) Mr. Tanaka is a teacher.
(7) Mary can teach English.
(8) I am a junior high school student.
(9) We are carpenters.

<練習2> 次の日本文を英語にしてください。

1	日本語	彼は医者ではありません。
	英語で	
2	日本語	私は寝ることができません。　＊寝る:sleep[スリープ]
	英語で	
3	日本語	ケイコは歌手ではありません。
	英語で	
4	日本語	彼はテニスができません。
	英語で	
5	日本語	ヒロシは大工ではありません。
	英語で	
6	日本語	彼女はサッカーができません。
	英語で	
7	日本語	私たちは10時間寝てはいけない。　＊10時間 : for ten hours
	英語で	
8	日本語	私たちは野球ができません。（野球 : baseball）
	英語で	
9	日本語	彼女は店員ではありません。
	英語で	
10	日本語	ヒロシは9時に起きてはいけません。
	英語で	
11	日本語	太郎は歯医者ではありません。
	英語で	
12	日本語	私は泳げません。（泳ぐ : swim）
	英語で	
13	日本語	彼は学生ではありません。
	英語で	
14	日本語	彼らは勉強ができません。
	英語で	
15	日本語	彼女は先生ではありません。
	英語で	

図４　マルチベーシックII

「マルチベーシックI，IIの実践」の「編集後記」には，問題を作成した教員たちの工夫と意気込みが述べられています。

教材の作成に当たり，次の４点に留意しました。
1. 生徒の集中力を持続させるための「授業形態の工夫」
2. 生徒個々の学力差に対応するための「教材の工夫」
3. 免許法に違反しないようにするための「時間割の工夫」
4. 生徒の学習意欲を向上させるための「評価方法の工夫」

学び直しの一つの道しるべとなった「マルチ」は，その後，授業形態が教員３人制から２人制へ変わり，実施時間も学年ごとに同一時間帯にする，などの改良が重ねられました。そしてその役目を果たしたと認められ，2017年に学校のカリキュラムから廃止されました。しかし，現在でも新入生は中学での学習経験に自信が持てず，基礎学習の手引きはまだ必要と考えられます。形式としての「マルチ」という基礎学習時間は無くなりましたが，英語の授業の中で基礎をどう教えていくか，マルチに代わる活動を模索中です。

1.2 実践者について

　実践者は，2004年9月から2019年現在まで同じ学校に勤務する非常勤講師です。勤続14年以上にわたる勤務は，学校の立て直しと共に始まり，その発展，変遷の歴史をつぶさに見てきた当事者でもあります。「学校は変われる」「生徒も変われる」ことに感動を覚え，自分も何か学校のために役に立ちたいと思い，大学院で英語教授法を学びました。「英語は嫌い」という生徒がほとんどでしたが，アンケートを実施した結果，「英語を使ってみたい」「外国人と話してみたい」「文法がわかれば英語が好きになる」などの回答があり，生徒の本音にふれることができました。中には「中学1年に戻りたい」というものまでありました。勤務校に入学してくる生徒は，そのほとんどが中学校での英語学習の失敗経験から学習に自信がなく，自尊心も極端に低い状態でした。改革当時の校長はその著書（2014）の中でこう述べています。

　　学校へ通う児童・生徒は誰でもみな学習がわかるようになりたいのです。それなのに，小学校低学年から学習をわかるように教えてもらえなかったのです。（中略）中学に入学しても数学や英語の時間は，石のように黙って授業に参加していたのです。わからない勉強は大嫌いでも，長い一日を我慢して過ごしながら，ようやく卒業してきたのです。(p.54)

　授業がわからないまま，石のように椅子にじっと座っている生徒の姿を思い，実践者は教員として何をするべきか悟った気がしました。

1.3 授業改善の歩み

　勤務校の「英語マルチ」の歴史は13年間に及び，毎年のように英語科教員による見直しが図られました。その目的，学習内容，教員の意識も生徒の実態と向き合うことで変化してきました。本項ではその変遷を第Ⅰ期から第Ⅳ期に区切り，各期における授業改善の歩みを振り返ります。

1.3.1 第Ⅰ期：努力すれば報われる「学習量で評価」

　学校改革から3年間で教育困難校というレッテルが払拭され，「立ち直った高校」のモデルとして全国から学校訪問を数多く受けるようになっていきました。落ち着いた生徒の学習態度と共に「学び直し」のテキスト「マルチ」も賞賛を浴びました。しかし，当初の目的は生徒の立ち歩きを防ぎ，生徒を

机の前に座らせ，ステップ1からステップ3までのプリントを黙々と書きつづらせることでした。生徒の興味を引くために，英語を異文化の言語としてとらえられるよう，英語の面白さを紹介する内容が多く含まれていました。発音の仕組み，英単語のしりとり，カタカナ英語，日英のことわざの違いなど，生徒は，ステップごとに楽しみながら取り組みました。

1.3.2　第Ⅱ期：ゆっくりやればわかる

　入学してくる生徒の質はすっかり変わり，「この学校でしっかり勉強し直したいから」と志望動機を述べる生徒が増えてきました。ほとんどの生徒が「マルチ」に一生懸命取り組み，ステップ3まで終了するようになりました。そこで，新たにステップ4，ステップ5が追加されました。ステップ4は英検3級の長文問題，ステップ5は千葉県高等学校入学試験の長文問題の過去問でした。約40人のクラスの中に，ステップ5を解く生徒が2人，3人と出てくることによって，生徒は自分もできるかもしれないと思うようになり，「マルチ」に臨むようになりました。しかし，この時期のマルチの内容はまだ黙読が中心で，コーラスリーディングや音読活動は取り扱えずにいました。そこで，新しくリスニングとスピーキングの課題を追加しました。

1.3.3　第Ⅲ期：「フィードバック」で学習を確認

　この時期には評価方法の見直しが図られました。それまでは，生徒は自分の「診断カルテ」を塗りつぶし，教員は生徒の「診断カルテ」を評価し，成績をつける方式でした。生徒の意識は，ただプリントの枚数を数えて満足するのではなく，「量」から「質」を求めるように変わっていき，教員も新しい評価方法でそれに応えました。「マルチ」の授業の終了5分前に，その日の復習ポイントとなる「5問確認マルチ」が追加されました。学習の成果が毎回点数化され，成績に加算されました。授業のポイントが繰り返しフィードバックされることで，学習の定着に役立ったと思われます。「マルチ」の授業内容も大きく変化し，プリントの問題文の音読練習が実施され，リスニング活動，簡単な対話練習など，スピーキング活動を意識した授業作りになりました。

1.3.4　第Ⅳ期：市販の学習書で「確かな実力」

　「マルチ」の内容は，手作りプリントから市販の英語文法の学習書に取っ

て代わられました。それは中学校英語の総復習をわかりやすくまとめた学習書で，生徒には取り組みやすい内容でした。アルファベットの ABC から関係代名詞まで，少しずつ，ゆっくりと進めることで，文法の理解を促進することができました。この時期のもっとも大きな変化は「マルチ」が定期テストに組み込まれたことでした。英語の学習に関してのアンケートをとると，多くの生徒が「英語がわかるようになりたい」と願い，「文法がわかると英語が好きになる」と答えました。この生徒の声を聞き，英語学習においては，文法の理解は生徒にとって大きな意味を持つのではないかと考え，文法の指導を続けました。

1.4　授業改善に求められる教員の資質・能力

　第Ⅰ〜Ⅳ期までの「学び直し」の歴史の中で，教員にはどのような資質・能力が求められたのかを振り返ってみました。当時はまだ J-POSTL は開発・普及されていなかったので，教員は手探りで教材や指導法を考え，開発してきました。授業改善は今後もずっと続きます。このまま，成功体験とその遺産だけに頼るわけにはいきません。そこで，これまでの授業改善の実践において必要とされた教員の資質・能力を，J-POSTL 自己評価記述文から抜き出してみることにしました。これまでの実践に理論的根拠を付与することになり，さらに，今後の授業改善における指標となると考えられるからです。

1.4.1　文化の観点から興味・関心を引き出す（第Ⅰ期）

　第Ⅰ期では「マルチ」の作成に当たり，学習者の興味にまず焦点を当てています。中学の基礎文法からのやり直しなので，アルファベットの綴りから始まりましたが，学習者は嫌な顔もせず，むしろきちんと覚えようと書き綴っていました。その後，興味が途切れないように，プリントを作成する際には身の回りから題材を探すことを心がけるようになりました。ここで忘れてはならないのは，早い時期に英語学習に失敗した生徒でも，海外に行ってみたいとか，外国の人と話してみたい，などの願望を持っていることです。つまり，スキルの向上だけを求めて中学の学習内容を繰り返しても長続きはしません。彼らの興味をつなぎとめるには，教員には次の力量が求められると考えられます。

　・英語学習をとおして，自分たちの文化と異文化に関する興味・関心を呼び

起こすような活動を設定できる。[J-Ⅱ-G-1]

・学習者の異文化への気づきを促し深める活動を設定できる。[J-Ⅱ-G-3]

1.4.2　雰囲気作りと教材の選択（第Ⅱ期）

　英語学習に対する興味・関心が持続していることを見計らって，音読する練習に取り組ませました。まずはペアワークで繰り返し練習させ，スラスラと読めるようになったところで個人音読を促しました。人前で読んだ経験が少ない生徒たちは初めは嫌がっていましたが，クラスメートが上手に音読するのを聞き，次々と手が挙がっていきました。教員はこの段階で「小さなできること」が積み重なれば自信につながることに気づき，生徒が積極的に活動に参加できる環境づくりの重要さを理解できました。このような授業を展開するための教員の授業力は，次の記述文が指標になると思われます。

・学習者をスピーキング活動に積極的に参加させるために，協力的な雰囲気を作り出し，具体的な言語使用場面を設定できる。[J-Ⅱ-A-1]

・学習者のニーズ，興味・関心，到達度に適した教材を選択できる。[J-Ⅱ-C-1]

1.4.3　辞書の使い方や文法学習の支援（第Ⅳ期）

　フィードバックによる学習の質と定着を確認する第Ⅲ期を経てこの段階に入ると，かなり具体的な授業力が必要になると思われます。記述文でいうと以下のものになります。

・学習者に適切な文法書や辞書を提示し，具体的にそれらを引用して説明を行え，またそれらを学習者が使えるように指導できる。[J-Ⅱ-E-1]

・文法は，コミュニケーションを支えるものであるとの認識を持ち，使用場面を提示して，言語活動と関連づけて指導できる。[J-Ⅱ-E-2]

・文法事項を様々な方法（教師が例を提示する，学習者自身に文法構造を気づかせる，など）で導入したり学習者に使用させたりすることができる。[J-Ⅱ-E-3]

　実際の授業では英作文用の手作りプリントを併用して，市販の学習書を提示しました。この時点では，より自立した生徒は自分で疑問点を調べ，学習

を進めることができるようになりました。

　英語の得手，不得手は，文法の点数によるものと堅く信じている生徒が多いと思います。その思い込みを取り除き，文法の役割を新たに認識させ，言語活動に使用できるように授業内容を工夫しました。文法事項に気づかせるために，身近なことを英語にする和文英訳の作業を文法の単元ごとに繰り返しました。教科書に出てくる同じ文法事項は同じ例文で説明し，学習者の記憶に残るようにしました。その結果，学習者は文法事項に関する例文を自分なりに応用・発表し，クラスメートから拍手を受けることもたびたび起こりました。この賞賛を受けることが学習者の自信につながったことは明らかです。

　文法の定着には，繰り返し学習することが必要であることはいうまでもありませんが，基礎知識を使って英文を作成することは楽しいと思う学習者が増えてきたことは，教員としても嬉しいことです。文法は英語学習の目的ではなく，自分の思い，考えを伝えるコミュニケーションを支えるものであることに気づき，学習者が意欲を持って英語に取り組むようになったと思います。

▎2．新たな授業改善の目標と方法

2.1　「ポスト・マルチ」による基礎学習の実践

　2017年に13年間の学び直しの道しるべである「マルチ」が廃止されて，通常の授業に基礎英語の学習を組み込むことが必要になりました。中学で学ぶべきだった基礎文法は，丁寧に説明しても進度上も問題がないことがわかりました。本実践では，教員が一方的に教えるのではなく，生徒が主体のアクティブ・ラーニングの一つであるディクトグロス（dictogloss，後述）を手法として用い，文法事項の定着を試みました。

2.2　授業実践

期間：2018年4月，5月，6月

クラス構成：2学年全4クラスは，2クラスごとに教員3人が担当しました。前年の学年末考査の素点により，約80人を上位A（30人），上位B（30人），下位（20人）の3クラスに振り分け，実践者は上位Aクラスを担当しました。

教科書：*All Aboard! English Communication II*（東京書籍）

時間数：週5時間授業。担当のクラスにおいて授業実践を3回行いました。

生徒の様子：まじめで，わからないことを知りたいという希望を持つ生徒が多く，熱心にノートを取り，質問にも積極的に答えます。しかし，上位クラスでも1年次の学習内容を覚えていない生徒がおり，動詞と名詞の違いを説明する場面もありました。協同学習の際のグループ分けは，お互い発言がしやすいよう配慮が必要でした。

目標：協同学習により文法学習を楽しく進められるディクトグロスの実践。ディクトグロスとは，1990年に Wajinryb が提唱したアクティブ・ラーニングの一つです。文法学習のために考案されたアプローチで，文章復元法といわれます。

活動内容：実践の内容には様々なバリエーションがあり，本実践では下記の手順のように聞く回数を増やし，以前の実践にはなかった4. と5. を追加しました。ディクテーションとは異なり，聞こえたことを正確に復元できなくても，文法が正しければ正解としました。活動の最後にディクトグロスに関する自由記述のアンケートを実施し，学習者の反応を毎回調べました。手順は次の通りです。

1. ターゲット文法を盛り込んだ短い英文がノーマルスピードで読まれる。生徒は概要をつかむために聞く。（1回目）
2. 次にメモを取りながらさらに3回聞く。2回目は黒，3回目は青，4回目は緑のボールペンや色鉛筆などで聞き取れることを書き取る。
3. 4人のグループになり，聞き取った英文をもとに協力して文章を復元する。
4. 各グループの代表がグループの答えを板書し発表する。
5. クラス全体で採点し，内容と文法事項の間違いの少ない順に順位をつけ，優秀なグループを褒める。

活動のメリット：ディクトグロスのメリットはいくつかありますが，本実践では，文法に焦点を当てること，グループディスカッションによるコミュニケーション力の向上，そして，クラスメートの間違いに気づくことで自分の弱点にも気づくこと（メタ認知）の3点を挙げることができます。

2.3　実践の結果

　聞く回数を4回に増やしたのは，なるべく多くの単語を聞き取れるように配慮したからでした。しかし，結果は2回目に聞き取れた語数が少し増えた

だけで，3回目，4回目はほとんど増えませんでした。何人かの学習者もそのことに気づき，知らない単語は何度聞いてもわからないことに気づき，「語彙力を増やそう」とアンケートに書いていました。「文法の基礎がわかるようになった」「もっと文法を勉強したい」「自分の弱点がわかった」という感想が多く，一番多かったのが，「楽しかった」です。ディクトグロスの活動の後は，文法の間違いを悲観的にとらえることが少なくなってきました。むしろ，他の生徒も同じ間違いをするのを見て，間違えることを恐れなくなったといえます。苦手な文法の基礎を，間違えながらも繰り返し覚えていくディクトグロスの活動は，生徒に「わかる楽しさ」という達成感を植えつけたと考えられます。これにより，英語が苦手な生徒にも文法学習の発展的活動として有効であることがわかりました。「わからないから嫌い」というマイナス方向から，「わからないけど，やってみる」というプラスの方向へ，生徒の心理的なベクトルが変化しました。

▍3.　今後の課題

　「マルチ」は積み上げ学習の大切さ，「学び直し」の適切さを具現化し，成果を出しました。生徒たちは，少しずつでも「わかる」ことが増えたことを喜び，自信を持ち始め，英検準2級や，2級に合格する生徒も増えてきました。「マルチ」が始まったころは校内でも英検3級を受験する生徒が2，3人しかいなかったことを考えると，生徒たちに大きな意識の変化が見て取れます。基礎学習により自信を手に入れた生徒は，クラスメートが英検に合格するのを見て，自分もできるかも，というポジティブな態度になり，「やってみよう」という「自己効力感」が芽生えていきました。教員の使命は，生徒との関わり方をJ-POSTLなどの振り返りのツールを用いて常に自己評価しながら，同時に生徒の成長過程を見守り，「やればできる」というマインドセットの生徒を増やすことであると感じています。

　高校における小・中学校の「学び直し」は，大学では「リメディアル教育」と呼ばれています。中学校で学ぶ英語の基礎が定着していない生徒は英語嫌いになり，基礎知識がないまま高校を卒業した生徒は，大学では補習型の授業，つまり「リメディアル教育」を受けることが予想されます。高校の教員はこの事実を直視し，生徒の学習の動機づけになる授業を展開する必要があります。

　英語嫌いの生徒は，机の前に座って静かに授業を聞く受け身型の学習では

興味，関心を発展させることができずに，知識の定着も望めないでいました。そのことを考えると，生徒が主体となり授業に参加できる能動的な活動，例えば，ディスカッション，ディクトグロス，プレゼンテーションなどを取り入れ，楽しく有益な授業を実践する必要があります。楽しいことは長期記憶に残りやすいと思われます。基礎知識があり，楽しい授業で動機づけられた生徒は，学習に関して自信を持ち，それを生涯学習につなげるかもしれません。

　今後も生徒の様子を見守り，J-POSTL の自己評価記述文を用いて授業内容を振り返りながら，教員として成長を続けていきたいと思います。

3. 「英語で授業」への授業改善——公開授業での試み［中学］

小出文則

　実践者は，横浜市立中学校教員として13年間勤務したのち，教育委員会の指名により，横浜市立大学における研修に１年間派遣されました。目的は，英語で授業を行う英語力と指導技術を向上させることにあります。本稿では，その派遣研修プログラムの中で行われた，J-POSTL を利用した指導教授と同僚の派遣教員との20回に及ぶ話し合いと，J-POSTL の記述文を活用した「英語で授業」の公開授業について紹介します。公開授業では，生徒の反応から１年間の研修の成果を実感することができ，また，J-POSTL は省察のためのツールですが，授業づくりのヒントにもなることがわかりました。

〈キーワード〉派遣研修，英語で授業，同僚との話し合い，公開授業

1. 背景

1.1 実践者について

　2014年３月まで13年間，横浜市立中学校に勤務していました。最後の年は２校目の勤務校の６年目で，第１学年を担当しました。１学年は８クラスで，比較的生徒数は多く，学校行事や生徒会活動，部活動にも熱心に取り組む学校です。

　横浜市では以前から小学校の外国語活動を導入しています。そのため，１年生の英語の授業を担当するに当たり，クラスの実態を速やかに把握し，授業に生かす必要があるので，４月当初にアンケートを実施しました。「小学

校の外国語活動は楽しかったですか」という問いには，89.5％の生徒が楽しかったと回答していました。また，小学校を卒業した時点で，100％の生徒が英語で「おはよう」などの簡単な挨拶ができ，92％が英語で「私の名前は〜です」と言うことができると回答しています。その他，「自分の好きな食べ物やスポーツを英語で言うことができる」と回答した生徒が76％いました。この結果を受けて，4月の授業から生徒に自己紹介やインタビュー活動などに取り組ませたところ，ほとんどの生徒がお互いに話を始める前に，自然にHello! と手を振って微笑みあう姿が見られました。小学校での外国語活動によって，コミュニケーション能力の素地が養われている，と感心するとともに，中学校の授業を変えていかなければならないと感じていました。しかし，実際には教師が板書し，日本語で説明するという形で授業を進めることがほとんどでした。そこで意を決し，2学期の12月頃より「3行日記」の活動を導入することにしました。A4サイズのノートを横に4分の1に分割した日記帳に，毎日，日付と曜日，3行程度の英文を宿題として書かせることにしました。授業の冒頭では，モデルを示すために教師が書いた日記を読み上げ，その内容について生徒に質問し答えさせます。次に，生徒を3〜4人のグループに分け，各自が書いてきた日記をグループ内で発表させ，それを基に多少のやり取りをさせます。なかなか書けない生徒への対応や，毎回同じような内容になってしまうなどの課題もありました。しかし，この活動を3月まで続けたことで，taked と書いていた生徒が took と書けるようになっていたり，出来事の羅列だった日記がまとまりのある内容になっていったりと，明らかな進歩を示す生徒も見られました。後述の公開授業の報告では，この生徒たちと1年後に再会した時の授業について紹介しています。

1.2　大学での派遣研修
1.2.1　研修の概要

　横浜市では，2014年度から市内の中学校英語科教員数名を市立大学に1年間派遣する研修制度を始めました。目的は，教員に英語で授業を行うための英語力と指導のノウハウを身につけさせて，学校での英語教育に還元させることです。筆者は，第1回目に派遣された教員の1人です。

　1年間の研修期間中，大学の英語授業への参加，英語能力試験の受験，英語科教育法での模擬授業，カナダでの海外研修などを行いました。英語力アップが研修の大きな目標の1つだったので，実践的な英語の上級コースの授

業で，IELTS の受験を目指す学生などと共に，英語でのペアワーク，グループワーク，スピーチ，ディスカッションなどの活動に取り組みました。また，指導法に関しては，英語科教育法などの授業に参加し，改めて教授法理論等を学ぶと共に，学生を前に模擬授業を行うことで，指導技術の向上を目指しました。カナダの研修では，バンクーバーに 4 週間滞在し，現地の中等学校で授業視察や，簡単な日本語と日本文化の紹介を行ってきました。

　この研修プログラムの中では，これらの学びを実際の授業にどのように結びつけていくかという点が課題となります。その課題に役立ったのが，週 1 回の指導教授との話し合いの機会でした。この話し合いで活用したツールが J-POSTL です。J-POSTL は2014年の 3 月に発行されたばかりで，先行事例が乏しい中，指導教授ともう一人の派遣教員と共に，これまでの自分の授業や研修活動を振り返り，今後の授業の在り方などについて議論を深めました。

1.2.2　J-POSTL を利用した同僚との話し合い

　1 回目の話し合いでは，「自分自身について」のセクションを使い，英語教師に求められる資質・能力について話し合いました。各自で挙げた要素のうち，共通するものと異なるものに分けて意見交換をすることによって，互いに抱えている関心や課題について理解を深めました。

　続いて，J-POSTL の180の自己評価記述文すべてについて，年間を通して20回に及ぶ話し合いを持ちました。各自の自己評価を基に，評価が低かったり，判断に迷ったり，理解が浅かったりした記述文や，記述文から導かれる具体的な指導方法などが話し合いの中心テーマになりました。

　自分が普段の授業で中心的に行っている活動は自己評価が高く，普段行っていない活動は低くなります。さらに，自身の英語力に自信が持てない領域の評価は低くなる傾向があります。スピーキング活動の領域を例にとると，「学習者をスピーキング活動に積極的に参加させるために，協力的な雰囲気を作り出し，具体的な言語使用場面を設定できる」［J-Ⅱ-A-1］という記述文では，筆者は 3 と 4 の境目にマークしました。この根拠は，勤務校での授業において，帯活動でスモールトークや英文日記のグループ内発表を設定してきたからです。一方，「強勢，リズム，イントネーションなどを身につけさせるような様々な活動を設定できる」［J-Ⅱ-A-5］では，自分自身の英語の発音や発声に自信が持てないため，2 と 3 の境目にマークしました。また，「スピーキング活動を促すような視覚補助教材，印刷教材，オーセンティッ

クで多様な教材を選択できる」[J-Ⅱ-A-7] については，英字新聞を活用して生徒同士対話をさせる，という過去に行った指導以外思いが及びませんでした。生徒に英語を使って自分たちの考えを伝え合わせる場面の設定が少なかったことに改めて気づきました。さらに，「**発表や討論などができる力を育成するための活動を設定できる**」[J-Ⅱ-A-3] では，学習目標に向けて授業を計画的に組み立てていくことの重要性に気づかされました。生徒に十分な発話の機会を与えずに，スピーチ発表をいきなり取り入れた授業を行っていたことを反省した次第です。

　スピーキング活動以外で具体的に振り返ることが難しく感じたのは，文化に関する自己評価記述文です。「**社会文化的な行動の規範の類似性と相違性**」[J-Ⅱ-G-6]，「**他者性**」[J-Ⅱ-G-7]，「**自分のステレオタイプ的な考え方**」[J-Ⅱ-G-8] などの用語や概念は理解したものの，具体的にどのような教材や活動を選択し，実際の授業に生かせるのかという点は答えを出せず，今後の課題として残りました。

　このような振り返りを1年間，3人で継続しました。時には1つの自己評価記述文について話し合うだけで予定の時間を過ぎてしまうこともありました。研修の最終段階はいよいよ公開授業となります。

▌2. 公開授業の方法

2.1　目的と対象クラス

　1年間市立大学で学んだことを実践で生かすために，2015年3月に前任校にて授業公開を行いました。対象は1年次に実践者が担当した2年生の生徒38名です。実施に当たっては校長先生を始め，職員の皆さんに全面的にご協力いただき，参観者は，実施校の英語科教員，横浜市内の中学校教員，市立大学の先生方，横浜市教育委員会の指導主事の先生方でした。

　公開授業に求められたポイントは，授業者は中学生が理解可能な範囲で英語を使用し，さらに，生徒同士にできるだけ英語を使ってのコミュニケーション活動を行わせ，相互理解を深めるよう促すことでした。したがって，授業は英語で行うこととし，生徒の英語による言語活動が中心となるように計画を立てました。実施したクラスの生徒たちとは，約1年ぶりの再会です。前年度は「新教育課程における授業づくり——発信力を高めるための言語活動の充実」というテーマで，帯活動としての英文日記のグループ発表，および個人のスピーチを主な言語活動とする研究授業を行いました。この授業の

改善すべき点は，J-POSTL を使った研修期間中の同僚との話し合いで明らかになっています。しかし，子どもたちの1年間の成長は授業者にとって大変気になるところです。そこで，前年度の反省を踏まえ，彼らが中学2年生になってからの1年間，思い出に残っていることを英語で紹介してもらうという活動を中心に授業を進めることにしました。ただし，生徒には事前の準備等は全くさせていません。

2.2　授業内容とねらい・言語活動

　横浜市には『横浜版学習指導要領指導資料』という教材が準備されており，その中に「日常の出来事や体験したことなどを語ろう！」（中学校［12]）という単元があります。授業ではこの単元を1時間の授業に圧縮し，表1のようなねらいと言語活動を設定しました。

表1　ねらいと主な言語活動

授業の ねらい	1年間の思い出深い出来事や自分の成長などを紹介し合うことによって，相互理解を深めると共に，相手とより良い人間関係を築いていこうとする積極的な態度を養う。
主な 言語活動	1. 教員のカナダでの経験に関する話を英語で聞き，質問に答えたり，尋ねたりする。 2. 1年間の思い出深い出来事や自分の成長などをグループ内で紹介し合う。 3. グループリーダーは各グループの発表をまとめ，全体に紹介する。

2.3　J-POSTL 自己評価記述文の指導案への反映

　この授業では，生徒のスピーキング活動が中心となるように設計しています。そこで，指導案に J-POSTL の記述文を，スピーキング活動に関連するものを中心として載せました。ねらいは2点です。1点目は，参観者にも J-POSTL の記述文を共有してもらい，研究協議の際に，記述文を通した共通の視点で授業を振り返ってもらうことです。2点目は，指導者がどの場面で，どのような支援をすれば良いかを確認するためです。

表2 指導案

過程 (時間)	主な活動		指導と支援
	生徒	具体的言語活動	
導入 (15分)	あいさつ 教員による プレゼンテ ーション	・英語であいさつを する。 ・教員の市大やカナ ダでの活動の報告 を聞き，内容を理 解する。(聞く) ・教員の話を聞き， 教員の質問に答え たり，教員に尋ね たりする。(話す)	・英語学習の雰囲気を作る。 ・既習表現だけでなく，これから学 習する表現も取り入れ，慣れさせ る。 ・生徒の理解を助けながら，積極的 に聞こうとしているかを観察する。 ・英語学習をとおして，自分たちの 文化と異文化に関する興味・関心 を持つことができるよう工夫する。 [J-Ⅱ-G-1] ・つなぎ言葉，あいづちなどを効果 的に使って，相手とインタラクシ ョンができるように適切に促す。 [J-Ⅱ-A-4]
展開 (30分)	グループ・ ディスカッ ション	・3～4人のグルー プで，この1年間 での思い出や自分 の成長などについ て紹介する。(話 す，聞く)	・生徒がスピーキング活動に積極的 に参加できるように，協力的な雰 囲気を作り出し，具体的な言語使 用場面を設定する。[J-Ⅱ-A-1] ・つなぎ言葉，あいづちなどを効果 的に使って，相手とインタラクシ ョンができるように適切に促す。 [J-Ⅱ-A-4] ・口頭によるコミュニケーションの 際に必要なストラテジー(発言に対 する確認や聞き返し，相手の理解 を助ける言い換えや表現の平易化 など)を学習者が使えるように支 援する。[J-Ⅱ-A-10]
	代表者によ る発表	・各グループの代表 は，まとめた発表 内容をクラス全体 に紹介する。 ・発表内容に関する 教員からの質問に メンバーで協力し て答える。	・発表者がリラックスした雰囲気で 発表できるように進行を行う。 ・発表者をほめる。 ・つなぎ言葉，あいづちなどを効果 的に使って，相手とインタラクシ ョンができるように適切に促す。 [J-Ⅱ-A-4]
まとめ (5分)	振り返り あいさつ	・自分たちの発表や 聞く態度を振り返 る。 ・今日の目標をどの 程度達成できたか を振り返る。 ・英語であいさつを する。	・発表者と聞き手の良かったところ を伝える。 ・振り返りカードへの記入を促す (時間が足りない場合は授業終了後 の提出でも構わないことを伝える)。 ・英語であいさつをする。

2.4 言語活動の概要

2.4.1 協力的な雰囲気を作る工夫

　グループ・ディスカッションでは3～4人のグループを活動の基本としました。いきなり話し合わせるのではなく，まずウォーム・アップとして，グループ内で1番目に話す生徒は，自分の名前と好きなもの2つをあげて英語で自己紹介する，2番目に話す生徒は1番目に話した生徒について，「こちらは～さんです」「～さんは…が好きです」と紹介をしてから，自分のことについて同じように語る，3番目の生徒は1番目，2番目の生徒を紹介する，というような活動を行いました。このとき，相手の好きなものはしっかり聞き取るように，という指示を与えました。英語が出てこないときは，聞き返したり，繰り返し伝えたりして，グループ内で支え合うように助言をしました。これらはすべて英語での指示ですが，教員自身が例を示すことで生徒は指示の内容を理解してくれました。活動の様子を観察した結果，生徒は覚えなければならないという不安を感じることなく，生徒同士が助け合いながら活動に取り組む姿が見られました。

2.4.2 自分の思いを相手に伝えようとする工夫

　つなぎ言葉やあいづちについては，教師が生徒に対して問いかけた時に，できるだけ見本となるように，意識して使うようにしました。また，たとえば「リンゴ」という単語が出てこなければ，「赤くて」「甘い」「果物」と言いながら，手でその形を示せばいいという内容の話を英語で行いました。この授業では自分の思いを何とか伝えるということを目指しているため，身振り手振りで伝えようと努力することが大切であることを生徒には説明しました。ある時，訪れた場所が「混んでいた」ということを伝えたかった生徒に対して，グループの仲間から "many people" という助け舟が出されたのは，教師の思いが生徒に伝わったことが感じられる出来事でした。

▌3. 公開授業の成果と課題

3.1 指導案へのJ-POSTL自己評価記述文の記載について

　公開授業の時点ではJ-POSTL自体が完成して1年足らずということもあり，ほとんどの参観者は知りませんでした。そのため，研究協議の場ではJ-POSTLの紹介に時間がかかりました。自己評価記述文を入れたことについては，「項目を絞った方が授業の焦点が定まるだろう」「教員の授業力を指導

案に入れることで，参加者の注目が授業者に行ってしまうのではないか」というコメントが出されました。授業の主役である子どもたちが，主体的に授業に参加できているかということはもちろん大切です。J-POSTL が普及すれば，指導案に入れずとも研究協議の場で自己評価記述文を基にして授業を振り返ることが可能になると思われます。今回はそのきっかけづくりとしての効果はあったのではないかと考えています。

　一方，授業をする立場としては，自己評価記述文を意識しながら，同僚との話し合いを通して生徒中心の授業計画を立案することができました。今回の授業では，「自分が体験した出来事をこれまでに学習した表現を使って伝えることができる」という目標を設定しました。この目標を達成させるために，授業者はどのような授業を展開しなければならないか。その際に参考になったのが J-POSTL の記述文です。J-POSTL は省察のためのツールですが，授業づくりのヒントにもなることが分かりました。

3.2　授業の進め方に関する生徒の反応

　授業の最後に，生徒に授業の振り返りシート（図1）に書き込んでもらいました。その自由記述欄から，いくつか生徒の感想を紹介します。まず，グループ活動に関する反応です。

・班のみんなで，わからない単語などを話し合うことができた。
・困っている人に英語をたくさん教えてあげた。思っていることをしっかりと英語に表すことができた。
・自分の気持ちや過去の自分の気持ちを友人に聞かれた時に，はっきりと自分の考えを発表することができた。先生がみんなに問いかけることが多くて楽しかった。
・英語で話している人の話がよくわかったのは初めてかもしれないです。みんなで助け合うのもすごくいいと思います。班を作って英語の話をするのは，英語力を身につける一つにもなるし，友達から学ぶことも多くなると思います。
・色々な人とコミュニケーションを取ることで，その人のことがよくわかった。
・先生が話す文の中で，難しい単語が出てきた時，意味がわからなかったので，途中で単語の意味を日本語で言ったり，みんなにこの「この単語の意

振り返りシート

　今日は英語の授業を通して，私の1年間とみんなの1年間を分かち合う時間となることを目指して計画しました。そしてこの授業で皆さんが「英語で何をすることができたか」を知り，これからの授業に生かしていきたいと考えています。そこで，皆さんに今日の授業を振り返ってもらい，「英語で何ができたか」を確認してもらいます。0%から100%までの間であてはまるところに○をしてください。目盛と目盛の間に○をしてもかまいません。さらに追加の質問に答えられる場合は可能な範囲で記入してください。

① 私は，先生の話す英語を聞き，その内容を理解することができた。
　0%　　　　　　　　　　　50%　　　　　　　　　　100%

・理解できないところがあった場合，その原因は何だと思いますか。

② 私は，これまでに学習した表現を使い，自分が体験した出来事を伝えることができた。
　0%　　　　　　　　　　　50%　　　　　　　　　　100%

・伝えられなかったところがあった場合，それはどのような内容でしたか。

③ 私は，伝えたい表現が出てこない時に，身振り手振りや，友人らの助けを借りるなどし，何とかして相手に伝えようとする手段を見つけることができた。
　0%　　　　　　　　　　　50%　　　　　　　　　　100%

・伝えることができたとき，どのような手段が有効でしたか。

・伝えることができなかったとき，その原因はなんだと思いますか。

自由記述欄　今日の授業を振り返って上記以外でできたことや感想などあれば書いてください。

図1　振り返りシート

味は？」などと聞いて確認したりするのもいいと思った。
・友だちの話に質問をしたり，あいづちを打ったりすることができた。感想
　としては，英語が得意じゃない自分も楽しむことができた。

次に，英語を使った授業に対する反応です。

・先生の授業は，日本語を使わないのにわかりやすく，また発言しやすい雰
　囲気で楽しかった。
・緊張してあまり先生の話が頭に入らなかったけど，ジェスチャーや画像を
　使っていて，英語がわからなくてもなんとなく話がわかってよかったです。
・先生の話は，身振り手振りが大きくついていて，単語など細かい所がわか
　らなくても，何となく理解することができました。とってもわかりやすか
　ったし，面白かったです。
・英単語がわからなくて伝えられなさそうでも，簡単にすることができた。
・自分の言いたいことをどうやって英語で言えばいいのかを考えて表す方法
　を知ることができました。
・あまり話すことがない英語を話すことができて，自分に何が足りないのか
　わかった。もっともっと勉強しようと思った。
・1年前にやった "My Diary" を思い出したけれど，その時より自分が英語
　を話せるようになっていたのがうれしかったです。
・話す，聞くという分野，特に教科書ではなく友人とのコミュニケーション
　を主体とした授業がとても面白かった。

　以上のように，わずか1時間の授業でしたが，研修を通してJ-POSTL自
己評価記述文によって省察をし，それを授業づくりに反映させたことの成果
が，生徒の目を通して現れていたように思えます。

3.3　振り返りシートの自由記述欄以外から見えた課題

　振り返りシートの自由記述欄以外の3つの項目は量的質問なので，それを
集計してみました。
① 私は，先生の話す英語を聞き，その内容を理解することができた。
　　→8割以上理解できたと答えた生徒は46%，5割以下は15%
② 私は，これまでに学習した表現を使い，自分が体験した出来事を伝える

ことができた。

→ 8 割以上伝えることができた生徒は50％，5 割以下は14％

③ 私は，伝えたい表現が出てこない時に，身振り手振りや，友人らの助け
を借りるなどし，何とかして相手に伝えようとする手段を見つけること
ができた。

→ 8 割以上見つけることができた生徒は46％，5 割以下は15％

　この結果をみると，英語による授業でも生徒は概ね理解できているものと
考えられます。しかし，①②③の各項目とも「できた」が 5 割以下と回答
した生徒が15％いる点や，自由記述欄に「もう少し日本語をしゃべってもい
いと思う。じゃないと授業が盛り上がらなくなりつまらなくなる」や，教師
の英語力に対して英語で，"Your English is good but you need to learn more."
とコメントした生徒がいたことで，「英語で授業」を継続的に行っていくに
は，克服すべき課題があることも明らかになりました。このような課題に対
しても J-POSTL を用いて省察と自己評価及び話し合いを継続しながら改善
を図ることが必要であると感じています。

▌4. 今後の課題

　本稿では，横浜市立大学に派遣された実践者が，主として J-POSTL を利
用した指導教授と同僚との振り返り活動を通して，「英語で授業」を目指し
た授業改善にどのようにつながったかを報告しました。自分自身がこれまで
行ってきた授業を振り返り，指導教授や同僚との話し合いを通して各自の考
えを共有するだけでなく，新たなアイデアが生まれることを経験しました。
そして何より，こうした振り返り活動の継続が実際の授業改善に結びつくこ
とを，授業を行ってみて肌で感じることができました。もちろん，授業を英
語で行うためには，大学での 1 年間の英語研修プログラムが土台になってい
ます。しかし，そこで身につけた力を，教室でどのように活用するかのヒン
トは J-POSTL の自己評価記述文にありました。J-POSTL は学習指導要領を
基本として授業を行う日本の英語教育に適用できる内容となっています。た
とえば，自己評価記述文の最初に出てくるのが「**学習指導要領に記述された
内容を理解できる**」［J- I -A-1］です。また，文法について「**文法は，コ
ミュニケーションを支えるものであるとの認識を持ち，使用場面を提示して，
言語活動と関連づけて指導できる**」［J-II-E-2］とあるのは，中学校学習指

導要領にも「文法については，コミュニケーションを支えるものであること
を踏まえ，言語活動と効果的に関連付けて指導すること」とある通りです。

　J-POSTL で振り返りを行うことで，学習指導要領への理解が足りないと感
じ，読み返すきっかけにもなりました。中学校においては，どのような言語
活動を展開すればいいのか，ということを学習指導要領を用いて確認し，
J-POSTL の記述文を参考に，前述のように授業計画を立てることができたの
です。

　本稿の場合のように，１年間の研修の機会に J-POSTL を読み込み，活用
することは可能ですが，学校現場に戻ってから，授業や校務の合間に
J-POSTL をどのように有効活用するかが今後の課題となります。

　現在も，具体的な活動が思いつかない自己評価記述文もあります。いつか
その答えが見つかった時に，新たな成長ができるものと思っています。
J-POSTL の中でも言及されている通り，「ポイントは，一度手に取ったら，
キャリア全体を通じて使い続けることです」(p.2)。

　なお，本稿は『言語教師教育 Vol.3 No.1』(pp.108-120)，及び，『英語教育』
(大修館書店，2016年１月号 pp.34-36) に掲載された原稿を大幅に書き換え
たものであることをお断りしておきます。

4. まとめと教育的示唆

浅岡千利世

1. はじめに

　J-POSTL「Ⅱ 教授法」の分野には，短期的，中期的，あるいは長期的な視点で考えた時に，教師は生徒の英語の技能をどのように伸ばすことができるか，そしてそのためにはどのような教授法がより効果的かを考える際のヒントとなる自己評価記述文（以下，記述文）が掲載されています。ここでいう「技能」とはいわゆる言語に関する4つのスキル（スピーキング，リスニング，ライティング，リーディング）を指すだけではなく，その基礎となる文法と語彙の指導も含まれています。第1章は，どの技能をどの段階で扱うか，あるいは複数の技能をどう組み合わせるとより効果的に伸ばすことができるかということを考え，それぞれの学校やクラスの状況に応じて指導法を改善しようとした3つの事例報告です。ただし，同じ分野に含まれる「文化」に関する指導法についてはその重要性に鑑み，別途第4章で扱います。

2. 各節の授業改善におけるポイント

2.1 「1. インタラクションを重視した技能統合型の英語授業」

　本章第1節は高校1年生を対象とした授業における実践例です。2段階に分けて授業改善を行ったことが特徴として挙げられます。最初に，実践者は進学校でよく見られる大学受験を意識した読解や訳読を中心とした講義型授業から，生徒の主体的な深い学びを目標とする新学習指導要領を意識し，生徒の発話量と生徒間のインタラクションを増やす指導へと転換し，生徒の表現に関する技能を向上させようとしました。そのため，最初の段階ではスピーキング活動やライティング活動に関する以下の記述文に振り返りの焦点が当てられました。表現力を伸ばすための言語活動を工夫することで，生徒の発話量や生徒同士のやり取りが増えると考えたからです。

・自分の意見，身の回りのことおよび自国の文化などについて伝える力を育成するための活動を設定できる。[J-Ⅱ-A-2]

・語彙や文法知識などを用いて正確に話す力を育成するための音声指導ができる。[J-Ⅱ-A-6]
・学習者がEメールなどのやりとりを行うのを支援する活動を設定できる。[J-Ⅱ-B-3]
・学習者が学習した綴り，語彙や文法などの定着に役立つライティング活動を設定できる。[J-Ⅱ-B-6]

　ペアワークやグループワークを授業に多く取り入れることによって話す機会を増やすだけではなく，教科書の内容を要約させる活動では，まず学習した文法項目や語彙などの言語材料を用いて口頭で発表させ，その後に同じ内容をもう一度書かせています。このように，自分の知っている語彙や文法項目の「理解」に留めず，それらを使って「表現」できるレベルにまでもっていくことは，学習者にとってはチャレンジングでもあり，とても重要なことです。さらに，一度口に出して表現したことをもう一度精査して書く作業は，学習者にとって正確さを意識したり，英語らしいまとまりのある文章となるよう工夫したりする良い機会となります。

　その後，実践者は前述の記述文を用いて授業を振り返り，内容理解のための活動とその後の表現のための活動がうまく関係づけられていないことに気づきました。つまり，理解のための活動がその後の表現活動に役に立ち，理解のための活動の際に表現活動に取り組んでみようと思わせるような仕掛けが必要だと考えたのです。そこで第2段階として，リスニング活動やリーディング活動に関する以下の記述文に振り返りの焦点が当てられました。

・リスニングと他のスキルの懸け橋となる様々なポスト・リスニング活動を設定できる。[J-Ⅱ-C-7]
・読む目的（スキミング，スキャニングなど）に合わせ，リーディング・ストラテジーの練習と向上のために様々な活動を展開できる。[J-Ⅱ-D-5]
・リーディングとその他のスキルを関連づけるような様々な読んだ後の活動を選択できる。[J-Ⅱ-D-7]

　その結果，本文の内容を理解する活動を行ってから表現のための活動を行う「インプット」から「アウトプット」へという典型的な授業の流れに沿うのではなく，精読する前に内容について話す活動やリスニングを通して本文

の大意をつかませて共有する活動など，2技能以上の言語技能を関連づけた言語活動を行いました。そうすることによって生徒が教科書の題材をより深く学べるということへの気づきが得られた事例と言えます。

2.2 「2. リメディアル教育の取り組み」

　第2節も高校生を対象とした授業実践事例です。前節が進学校における個人の実践事例であったのに対して，本事例はある教育困難校で行われた学校全体での取り組みに関する報告です。実践者は特に英語を苦手とする生徒を対象とした学び直しのための授業を省察し，どのように授業を改善していったのか，そのプロセスを記述しています。また，実際の取り組みの最中には実践者は J-POSTL の記述文を使用していませんが，今回プロセスを振り返るにあたって，それぞれの段階における授業改善の焦点と関連している記述文を挙げています。たとえば，英語を苦手とする生徒がまず英語学習に対する興味や関心を持つための活動を行った初期段階で関連している記述文として**「英語学習をとおして，自分たちの文化と異文化に関する興味・関心を呼び起こすような活動を設定できる」**[J-Ⅱ-G-1] が挙げられています。また，プリントで語彙や文法などの問題を解く段階から生徒がだんだん英語学習に自信をつけ，音読やスピーキング活動も行えるようになった段階は**「学習者をスピーキング活動に積極的に参加させるために，協力的な雰囲気を作り出し，具体的な言語使用場面を設定できる」**[JL-Ⅱ-A-1] や，**「学習者のニーズ，興味・関心，到達度に適した教材を選択できる」**[J-Ⅱ-C-1] などの記述文と関連づけています。

　また，学校全体の取り組み後は，最終段階で意識していた**「文法は，コミュニケーションを支えるものであるとの認識を持ち，使用場面を提示して，言語活動と関連づけて指導できる」**[J-Ⅱ-E-2]，**「文法事項を様々な方法（教師が例を提示する，学習者自身に文法構造に気づかせる，など）で導入したり学習者に使用させたりすることができる」**[J-Ⅱ-E-3] などの記述文を意識しながら，実践者が独自にさらなる授業改善に取り組みました。この授業改善の中心となったのはアウトプットのための言語活動であるディクトクロスです。実践者はディクトグロスを用いることで，生徒に言語の技能（特にリスニング，スピーキング，ライティング）を統合的に使わせながら文法を学習する授業実践を行いました。その結果，英語を苦手としていた学習者が，間違えながらもグループワークを通して能動的に学習できるようになったと

報告しています。

2.3　「3.『英語で授業』への授業改善」

　　第3節は中学生を対象とした授業改善の事例ですが，それと同時に，1年間の研修期間中に実践者がどのようにJ-POSTLを使用したかということを示す事例にもなっています。実践者は小学校での外国語活動を通してコミュニケーション能力の素地が養われている生徒が増えていることに気づき，中学校での授業も変えていかなければならないと元々感じていました。その後1年間の大学での研修の機会を得た実践者は，そのことを念頭に，生徒を主体とし英語を使って表現する言語活動を中学校の授業でどのように展開できるかを模索しました。中学校と高校と校種が違うとはいえ，第1節の実践者と同じ課題を初めに意識していたことがわかります。

　　研修期間中には，研修で得た理論や学びをどのように実践に結びつけるかを考えるためにJ-POSTLを使って授業実践や研修活動を省察し，同僚教師と議論をする経験を得ました。このようにJ-POSTLを始めとする授業実践の振り返りは，同僚など誰かと話し合うことによってそれぞれが各現場で抱えている課題について共有し，そして自分の実践について理解をさらに深めることが重要です。この時に同僚教師の経験値が自分と同レベルである必要は必ずしもありません。第3節でも述べられているように，初任者や実習生，ベテランと言われる先輩教員など，様々な立場の教員との間で行うことが可能であり，誰かと一緒に省察することで新しい視点や異なる視点への気づきが促されます。この点に関して，第1節と第2節の事例では実践者は1人で振り返りを行いましたが，次の段階では同僚など他者の視点を得て行うと，さらなる授業改善や現場の理解につながると言えるのではないでしょうか。

　　また，第3節では自己評価記述文については「教授法」の分野のみならず180あるすべての自己評価記述文について，1年間を通して何度も話し合う機会を持ったと報告しています。第1節の実践者はいくつかの記述文に焦点を当てて省察と授業改善を試みましたが，第3節のように最初は記述文全体を用いることも可能です。しかし，その場合も第3節の事例のように何度も振り返りを行っているうちに徐々に注目したい記述文が浮かび上がってきます。たとえば，**「発表や討論などができる力を育成するための活動を設定できる」**[J-Ⅱ-A-3]に注目した実践者は，学習目標に向けて授業を段階的に組み立てることの重要性に気づき，研修の最後に行った公開授業ではグルー

プの中でまず生徒に十分な発話の機会を与えてから，スピーチを取り入れた授業を行いました。また，授業づくりのヒントとなった記述文を指導案にも載せ，参観者と共有することで研究協議の際に共通の視点をもって授業を振り返ることができたと述べています。

▌3. 事例から得られる示唆

　本章の3つの授業改善の事例はいずれも生徒のレベルや学習目標を考慮しながら，言語の技能を伸ばすためにはどのような指導法や活動がより適切かを，振り返りを通して模索した事例であると言えます。授業改善において，いくつかの記述文に焦点を当てることは，記述文の意味することや記述文から導かれる具体的な指導方法などを考えるヒントになると言えるでしょう。また，3つの事例はいずれも，一度に多くの改善を行うのではなく，段階ごとに改善の焦点を振り返り，生徒に必要な技能をまず特定し，それを伸ばすためにより効果的と思われる指導法や活動を試しています。そして最終的には言語技能をより統合的に用いた言語活動へと移行しています。

　このように，言語の4技能をバランスよく運用できる学習者の育成は現在の英語教育では重要な課題と言えます。2009年度公示の学習指導要領では，小学校高学年段階の外国語活動の目標は英語の音声に慣れ親しむことでした。しかし，2020年度から実施される外国語活動では「読むこと」「書くこと」を含めたより総合的かつ系統的な英語学習への知的欲求が高まっていることから，4技能をバランスよく運用してコミュニケーションできる基礎力を育成することが目標になりました。同様に，2021年度から実施される中学校学習指導要領でも，小学校で養われる基礎力を基に4技能を運用する言語活動を通して，日常的あるいは社会的な話題について理解・表現したり，簡単な情報交換を行うことのできるコミュニケーション力の育成が目標となっています。また，授業の改善を考え，適切な教授法を検討する際には，4技能のうち，スピーキングは「やり取り」と「発表」の2領域に分かれた点を考慮する必要があります。たとえば，生徒がクラスの前で，あるいはグループの中で発表する活動や，ペアワーク・グループワークを通して生徒同士が意味のあるやり取りを行う活動の設定が必要だということです。この点は第3節でも述べられている通りです。一方，2022年度以降実施される高校段階では，4技能を伸ばすための言語活動をさらに高度化し，より幅広い話題について情報や考えなどを「的確に」理解し，「適切に」表現して伝える資質・能力

の育成が目標となりました。そのために，第1節のように授業では英語を用いて課題解決を図るような力を育成する技能統合型言語活動を行うことがこれからの教師には求められます。

J-POSTL において「教授法」に関連する記述文は言語の技能ごと（スピーキング活動，ライティング活動，リスニング活動，リーディング活動，文法，語彙，文化）に書かれています。しかし実生活において2人以上が関わるコミュニケーションでは，複数の言語技能を組み合わせる必要があります。そのため，授業においても言語活動は複数の技能を融合して用いられるようなものを取り入れていく必要があります。本章の第1節の事例でも，社会的話題に関して情報や考えをお互いに伝え合う場面で，聞いたり読んだりしたこと（インプット）から，理解した内容に基づき，感じたことや考えたことなどを伝える（アウトプット）活動や，やり取りした内容（インプットとインタラクション）を踏まえて，自分自身の考えを整理して発表したり文章で書いたりする（アウトプット）活動を行っています。このように，学習者はインプットを理解するだけに留めず，理解した内容を基に意思伝達や情報交換などの言語のやり取りを通して英語の産出に結びつけることが，英語力の向上に役立つのだと言えるでしょう。もちろん個々の技能を個別に養成することもコミュニケーション力の基盤を固めるために重要なことではあります。しかし，生徒がより自立した学習者として社会活動に参加していく力をつけるためには，複数の技能を統合して用いる言語活動を行うような指導法を，授業改善の際にはぜひ取り入れてみたいものです。

第2章
自立学習を支援する

1. 生徒自身による宿題設定で育む学びの設計力
［高校］

三浦大輔

　英語力や英語学習に対する動機にバラツキが大きい私立女子高校の音楽科での授業改善の試みを紹介します。目標は，宿題を生徒自身が決めることによって，各自の目標や必要性に合わせて主体的に英語学習に取り組むように支援することにあります。手順としては，まずマインドマップの一種である「マンダラート」を活用して長期目標を考えます。次に，「宿題票」で目標に沿った計画を練り，「自主学習ノート」で宿題をして，最後に振り返りを行います。この結果，70％以上の生徒がこの授業を通じて，自分で学習計画を立て，計画を継続し，学習を振り返ることができるようになったと答えました。

〈キーワード〉自立学習，マンダラート，自主的宿題，自主学習ノート

1. 背景

1.1 勤務校の環境

　勤務校は音楽科の高校で，英語を自主的に継続して学んでいる生徒は多くありません。英語力については英検3級程度から帰国子女までの幅があり，学習動機も，海外留学を希望する生徒がいる一方，英語学習には時間を全く割かない生徒がいるなどバラツキが大きいため，宿題を設定するのが難しく，宿題を与えたとしてもやらない生徒も多いという状況でした。習熟度別授業を行っているものの，それでも英語力の差が大きく，その点を克服する方法を模索していました。

1.2　実践者について

　大学院で TESOL（Teaching English to Speakers of Other Languages）を学びつつ，非常勤講師として普通科の高校に勤めた後，現在の勤務校に赴任しました。赴任当初は音楽科ということを鑑み，生徒が英語に興味を持てるような授業を目指し，日本のアニメ映画を英語で見せたり，洋楽を歌うなどの活動に力を入れていました。ところが，そのような授業を行ううちに，授業がただ楽しいだけで，英語力の向上に繋がらず，人間として成長できるような学びが少ないのではないかと不安になってきました。そこで，楽しいだけでなく，英語や英語の枠を超えたものを学び，将来生徒が音楽家になっても，他の職業に就いたとしても，何か意味があったと思える授業をしたいと思いました。その第一歩が，生徒が自ら学びたいと思える環境を整備することでした。

1.3　授業改善の課題

　上述のような勤務校の環境では発想の転換が必要であると考えるようになりました。そこで，今までのように宿題を教師が設定するのではなく，各自の能力や目的に合わせて，生徒が自ら宿題を設計して取り組ませる必要があるのではないかと考えました。自ら選んだ課題に取り組むことで，彼らには学習に責任を持たせることができます。こうすることにより，レベルや動機がバラバラであっても，生徒の英語の必要性（留学希望の有無など）や学びたい技能（スピーキングやリーディングなど）に即した成長が期待できるはずです。

　そこで J-POSTL 自己評価記述文の「自立学習」分野に注目し，次の 4 つの記述文を課題として授業改善に取り組むことにしました。

・学習者が自分で目標や学習計画を立てる手助けや指導ができる。[J-Ⅵ-A-3]
・学習者が自分の学習ストラテジーや学習スキルを向上させるのに役立つような様々な活動を設定できる。[J-Ⅵ-A-6]
・学習者が自主的に宿題を進めるのに必要な支援を行ない，学習時間の管理の手助けができる。[J-Ⅵ-B-2]
・学習者の意見を取り入れて，宿題の内容，種類，量などを決定できる。[J-Ⅵ-B-4]

▌2．授業改善の目標と方法

2.1　自律的学習者の育成を目指す

　言語学習における自律的学習者には次のような能力が備わっていると考えられています。

　　　・自分の言語と学習を振り返って，状況にふさわしい結論を引き出す能力。
　　　・自ら学ぶようになるための方略を開発する能力。
　　　・自己の学習に責任を持つ能力。

（JACET 教育問題研究会，2017：p.22）

　この3つの能力を育成することを目指して，マンダラート（マインドマップの一種），宿題票，自主学習ノートの3つのツールを活用することにしました。マンダラートで自己を振り返ることによって「達成すべき目標」（結論）を定め，自分自身の「適切な学習計画」（方略）を立て，「学習計画」をチェックし，修正する（学習に責任を持つ）ことができるようにします。図1は本実践の学習プロセスを図式化したものです。

図1　自律学習を目指したプロセス

2.2　自律的学習者を育成する3つのツール

2.2.1　マンダラート

　自律的な学習者を育てるために，まず生徒自身で英語学習の目標設定ができることが必要です。そこで長期的な目標について考えることを促すため，マンダラートと呼ばれるツールを活用しました。マンダラートとは思考を整理し発想するためのツールで，次ページの図2にあるように，最も重要な目標を表の中心に記入し，その目標達成に必要な8つの項目を周りのマスに，更にその8つを達成するために必要な項目を8つ，それぞれ記入するというものです。マスを埋めることによって，生徒は長期的な目標を考え，その目

標を達成するために必要な取り組みを明確にすることができます。

　図２はプロ野球選手である大谷翔平選手が高校１年時に作成したマンダラートです。彼は中心にある第一の目標を「ドラ１，８球団（８球団からドラフト１位指名されること）」とし，そのために必要なものは「体づくり」「コントロール」「キレ」「運」といった８つの項目だと考え，それぞれの項目を改善するのに必要な具体的方策をさらに８つ考えました。たとえば，左上の「体づくり」であれば，「体のケア」や「サプリメントを飲む」などとなります。このように，最も重要な目標は何か，その目標を達成するために具体的に何が必要なのかを整理し，明確にするのがマンダラートです。

	をのむ	90kg	改善	体幹強化	ぶらさない	つける	ボールをたたく	
性	体づくり	RSQ 130kg	リリースポイントの安定	コントロール	不安をなくす	力まない	キレ	下
ナ	可動域	食事 夜7杯 朝3杯	下肢の強化	体を開かない	メンタルコントロールをする	ボールを前でリリース	回転数アップ	可
り標つ	一喜一憂しない	頭は冷静に心は熱く	体づくり	コントロール	キレ	軸でまわる	下肢の強化	体
チい	メンタル	雰囲気に流されない	メンタル	ドラ1 8球団	スピード 160km/h	体幹強化	スピード 160km/h	肩の
い	勝利への執念	仲間を思いやる心	人間性	運	変化球	可動域	ライナーキャッチボール	ピッを
	愛される人間	計画性	あいさつ	ゴミ拾い	部屋そうじ	カウントボールを増やす	フォーク完成	スラの
り	人間性	感謝	道具を大切に使う	運	審判さんへの態度	遅く落差のあるカーブ	変化球	左の
				ストレートと	ストライク			

図２　マンダラートの例（大谷翔平選手作成；newsPicks，2015）

　勤務校のほとんどの生徒たちは英語を学ぶことが最終的な目標ではないため，マンダラートを活用するにあたって，中心の目標は英語学習に限定させ

ませんでした。そのため，多くの生徒は，「優れた音楽家」や「有意義な高校生活」といった目標を中心としました（ただし，英語に関連する項目を，少なくとも1つは記入することを条件にしています）。また，このマンダラートは学期末に提出し教員が確認するものの，成績には加味しませんでした。このマンダラートで明確化した長期目標を土台に，生徒たちは「宿題票」を作成していきます。

2.2.2 宿題票と自主学習ノート

　2つめのツールである「宿題票」は，学期の目標，宿題の内容，宿題の達成度，学期の反省を記入するシートです。このシートで学期の目標や毎週の宿題を考えていきます。そして，3つめのツール「自主学習ノート」に設定した宿題を行います。全体の手順は次のようになります。

① マンダラートを用いて長期的な目標を定める

② マンダラートを基に学期の目標を決める

③ 学期目標に合わせて宿題票に毎週の宿題を記入する（生徒には宿題の具体例を多数紹介し，実現可能で，自分の学習スタイルに合った宿題を考えることを促す）

④ 「自主学習ノート」に宿題を記入する

⑤ 毎週，宿題を振り返り，宿題票の「達成度」の欄に，花丸や三角といった記号で達成度を表し，反省点（効果的だったこと・そうでなかったことなど）を記入する

⑥ 学期末に，宿題票の「今学期の反省」の欄に学習の反省（目標に沿った学習計画が立てられたか，学習法について修正すべき点はあるかなど）を記入する

⑦ マンダラート・自主学習ノート・宿題票の3つを学期末に提出する

　宿題票には，宿題の概要のみを記入し，「達成度」として宿題の反省・振り返りを記入します。教師は宿題票と自主学習ノートをチェックし，生徒がどのような内容の宿題を，どれだけの量こなしたかを確認します（「宿題票」と「自主学習ノート」の実際の例については「3. 授業実践」を参照）。マンダラート・宿題票・自主学習ノートは学期末に提出し，宿題票と自主学習ノートは成績の一部（25%）となります。以上が自立学習のための3つのツールの活用プロセスです。この3つは相互補完的な関係にあり，すべてが揃っ

てより大きな効果が見込まれます。

▌3. 授業実践

3.1 自律を育むための下準備

　これまで，本実践の背景と活用したツールについて説明してきました。この項では実際にどのように授業を実践したのか，生徒はどのような宿題を考え，各自実施したのかを紹介していきたいと思います。

　本実践を行うにあたって重要だったのが下準備です。高校1～3年生を対象にこの実践を行いましたが，彼らには，なぜ宿題を自分で決めるのかを考えさせること，マンダラート・宿題票を適切に記入させること，その際にフィードバックを行うことが不可欠でした。初めから「宿題を自分で決めろ！」と言って高校生に自立を促してもできません。そこで初回授業をオリエンテーションとし，以下の指導を行いました。

　① 自律的学習がなぜ重要なのか考えさせ，その後説明する
　② マンダラートを記入させる（その際に大谷選手の例などを紹介する）
　③ ②の間机間指導を行い，生徒たちの目標設定にフィードバックを行う
　④ 宿題票の「今学期の目標」欄を記入させる（その後，各自宿題を考える）

　生徒にこの実践について説明すると，最初は宿題をしなくてもいいとか，楽をしようとか考えたりします。もちろん，楽をすることも可能ですが，生徒たちに宿題を決めさせることを通じて，何ができるようになってもらいたいかをはっきりと説明することが重要だということが実践を行いながらわかってきました。

3.2 生徒の実例1：松本さん（仮名）

　実際に生徒が作成したマンダラート・宿題票・自主学習ノートを紹介します。なお，今回の実践例では2名の生徒の例を出しますが，どちらも仮名で，それぞれには許可を取って掲載しています。また，自主学習ノートは本人直筆のものを紹介しますが，マンダラートなどその他の資料は生徒が書いたものを基に，実践者が作成したものです。

　まず松本さんの例（次ページ図3：網掛け部分は英語に関する項目。図6も同）です。松本さんのマンダラートは，この実践の意義を深く理解した理想的なものとなっています。彼女のマンダラートは傑出した例であり，一般

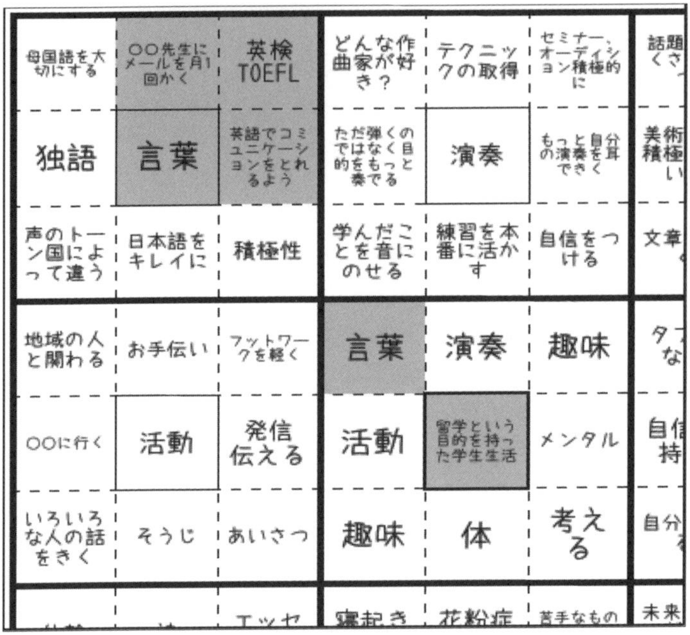

図3　松本さんのマンダラートの一部

的な生徒の例は3.3で紹介します。

　松本さんは，第一の目標を「留学という目的を持った学生生活」とし，英語については英検やTOEFLなどを目標としました。留学を念頭に高校3年生を過ごすと決めたことで，英語に対する動機も一層明確になったと思われます。この長期目標が，宿題票と自主学習ノートにどのように反映されているのでしょうか。

　宿題票（次ページ図4）をみると，マンダラートの留学，英検という目標が，「今学期の目標」の欄では6月の試験で英検2級に合格するという，具体的で実現可能なものになっていることがわかります。また，その目標に合わせて，英検のライティングを毎週の課題として自主学習ノート（図5）に記入しました（補足ですが松本さんは6月の試験で実際に合格しました）。

　このように，長期的な目標を考え，その後学期目標，さらには毎週の宿題へと繋げることがマンダラートを実施したねらいです。この3つが関連しているほど学習動機に繋がっていきます。松本さんはこの3つを上手く繋げることができた生徒の一人です。

宿題票　3年 前期　松本 B子

今学期の目標
6月に英検2級を取る。筆記でハイスコアを出したい。→word, grammarの強化、過去問たくさん解く。writing対策

Week	Homework	達成度
1	英検2級のwritingの書き直し	TedみたかったのにYoutubeがうごかなくて見れなかった。 英検、もっと語いを増やしたいな。
2	英検2級のwritingの書き直し	文章・文法の正確性を上げていきたいと思う。
3	好きな洋楽（Bad day）を聴き、歌詞を調べる	好きな曲。 落ち込んだらいつも聴く。
…	［省略］	［省略］

目標・宿題の反省
目標と宿題がリンクしてたかはちょっとよくわからないけれど、去年に引き続き、いろいろ楽しんでできたと思う。今回は英検などがあったから指定の課題通りにはできなかったけど、自分にプラスになる内容をとりくむことができたから良かった。

図4　松本さんの宿題票の一部

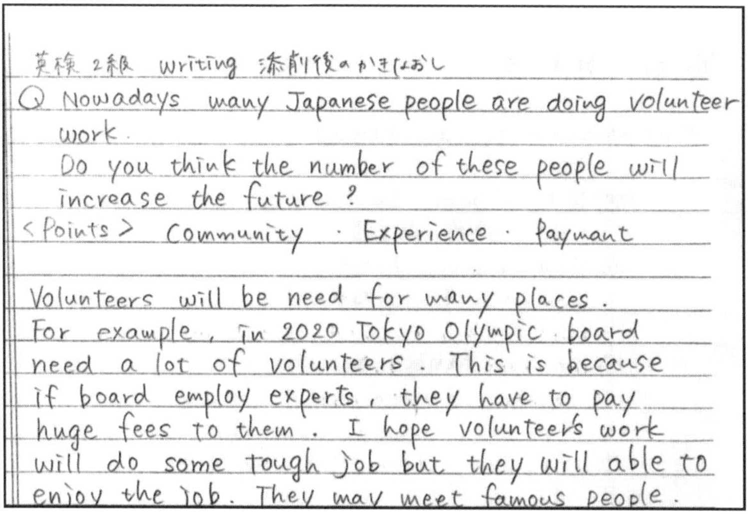

図5　松本さんの自主学習ノート（Week 2）

3.3　生徒の実例2：飯島さん（仮名）

　2人目は飯島さんです。これが生徒たちに求めている標準的なレベルの見本です。彼女のマンダラート（図6），宿題票（図7），自主学習ノート（図8）をそれぞれ紹介します。

　まずマンダラートを見ていきます。彼女の中心となる目標は「充実した私生活」という，高校生らしいものになっていますが，「充実した私生活」を送るためには「知的」であり，かつ「時間」を有効活用できることが必要だと考えたところを見ると，このマンダラートを通じて，よく自分と向き合ったのだろうということが窺えます。英語に関する項目では，「知的」であるためには，「英語（特に単語）」力をつけること，学んだことを「復習」することが必要で，それが中心目標の「充実した私生活」に繋がると考えているようです。なお，空欄もありますが，すべてを埋めることは求めていません。

　宿題票（図7）では，マンダラートの「英語（特に単語）」を「毎週の単語テストを頑張る」ことへと明確化させています。「頑張る」というのは抽象的なので，もう少し具体的に，たとえば，「毎回の単語テストで8割以上を取る」とした方がより達成度が上がるのではないかと思います。目標や宿題を決める際に，このようなフィードバックを行うことが重要だと実践を始めてから気づきました。

　実際の宿題としては，単語テストの範囲の単語を書き出しました。また，単語学習だけではなく，ミュージカル Les Misérables の劇中歌である "I

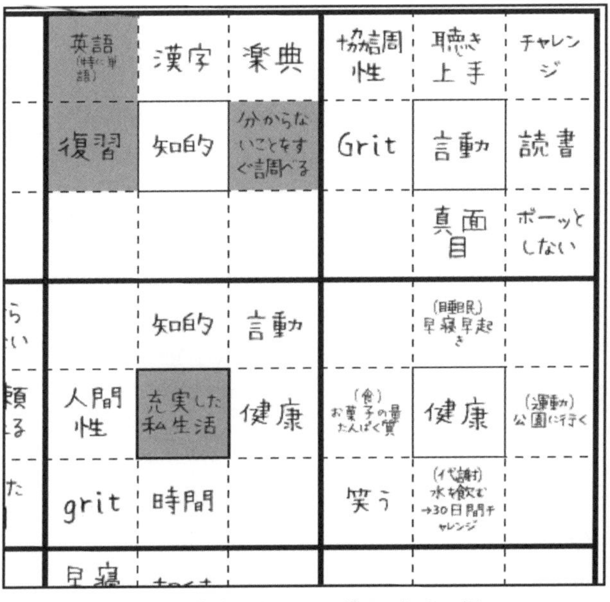

図6　飯島さんのマンダラートの一部

宿題票　3年 前期　飯島 D美

今学期の目標
授業をしっかり聞き、充実させる。単語テストを頑張る!

Week	Homework	達成度
1	英単語ターゲットの例文の中で分からないものを書き出した。《Section 1》	英単語ターゲットの例文の中で分からないものを書き出した。《Section 1》
2	前回同様単語を書き出した。《Section 2》	よく使いそうなものばかりなので、しっかり覚えていきたいと思う。教科書の冊子の長文に調べた単語が出てきてきて嬉しかった。
3	ミュージカルでやる「レ・ミゼラブル」のI dream a dreamを調べました。	日本語版の歌詞には入っていない単語があったので、理解が深まった
…	［省略］	［省略］
7	アメリカ人が日本人のピアニストにインタビューしている動画の中で聞こえたわからなかった単語をひろった。アメリカ人の話すスピードが速すぎて聞きにくかった。	ひろえた単語の中で分からなかったものを書き出した。アメリカ人の質問のしゃべりが速すぎて全然聞き取れなかったが、上原さんが答えていることは8割くらいわかった気がする。

目標・宿題の反省
思ったより達成できた気がする。単語テストで精一杯だったので、毎週コンスタントに宿題に取り組めなかったことが反省。後期は英検の問題を宿題にできればと思う。

図７　飯島さんの宿題票の一部

《Les Misérables「I dreamed a dream」》

I dreamed a dream in times gone by
過ぎ去りし遠い日に、私は、ある夢を抱いていたわ

When hope was high and life worth living
大いなる希望があり、人生には、生きる価値があった頃よ…

I dreamed, that love would never die
愛は、決して滅びないんだと、私は夢に見てたわ

図８　飯島さんの自主学習ノートの一部

Dreamed a Dream" の歌詞を調べること（図８）や英語のインタビューを見るという宿題を実践しています。

　宿題票の達成度の欄では，どのような振り返りや反省をしているでしょうか。図7を見ると，たとえば，上述の歌詞調べの宿題（Week 3）では，日本語版の歌詞には入っていない単語に気づいたり，インタビュー動画を見る宿題（Week 7）では，外国人の発音よりも日本人の英語の方が聞き取りやすいことに気づいたりと，学びを省察している姿が窺えます。このように，宿題票は記録をつけるだけでなく，自分の学びを振り返り，その効果や改善策について考えるという学習ストラテジーを向上させる意味もあります。また，ノートと宿題票を用いて，自分の学習が今学期の目標と繋がっているか，目標を達成するために有効であるかを振り返ることも目指しています。

▌4．実践の成果と今後の課題

4.1　マンダラートの作成

　マンダラートを実施したことによって，生徒に自身の長期的目標をイメージさせることができ，目標に向かってどのような勉強が今必要なのかを考えてもらうことができました。その結果，目標に見合った英語を勉強したいという動機（たとえば，将来演奏した曲を英語で説明できるようになりたいので，曲の説明を英語で読んでみたいなど）に繋がり，目標に合致した学びを考えるようになりました。また，学期ごとにマンダラートを見直したことで，長期的な目標に立ち返って学びを修正することができました。

　ところが，学期中の毎回の授業では，生徒がマンダラートを見直し，目標を確認・改善する機会を持つことができませんでした。そのため，マンダラートを作成したものの，長期目標のことを忘れて，目標と関連性の低い宿題を行った生徒も少なからずいました。学期中にそれぞれの宿題がマンダラートや宿題票に沿っているかどうか，マンダラートに記入した項目を実際にはどれくらい達成できているかなどを振り返るチャンスがあれば，より一層の効果があったかもしれません。

4.2　宿題票の記入と自主学習ノートの作成

　宿題票や自主学習ノートによって，生徒たちは長期目標を理想で終わらせるのではなく，具体化し，実現可能な目標へと置き換えることができました。前述の2人はその良い例です。また宿題を自分で実行し，ノートに記録し振り返ることで学習ストラテジーを見直すこともできました。

　一方で，マンダラートと同様に，授業時間内に毎週の宿題を見直す時間が

ありませんでした。授業の最初や最後に，生徒同士や教員と宿題の成果を共有したり，学習方法についてアイディアを交換したりしていれば，生徒自身では思いつかない学習法に辿り着いたり，クラスメイトからアドバイスを受けることもできたでしょう。

　特に一番の問題だったのが，宿題を毎週せずに，2〜3回分をまとめてやったり，学期末までためたりする生徒がいたことです。ノートは毎回の授業で提出させておらず，宿題をためることもできてしまいます。こちらも学期中の見直しがあれば，そのような生徒を減らすことができたかもしれません。宿題を毎週やらなくても済んでしまう状況は，私自身がまず改善すべき課題となりました。

▌5. 生徒と教師の変化

　これまでの実践を通じて，生徒や教師にはどのような変化が起こったのでしょうか。生徒はより「自律的」な学習者へと成長することができ，また教師である実践者自身の授業は改善することができたのでしょうか。この点について検証してみたいと思います。

5.1　生徒の変化

　生徒の変化を少しでも把握するためにアンケート調査を行いました。アンケートでは自律的学習者の能力として最初に定義した3点（2.1参照）を
　　① 達成すべき目標に対して，必要な教材と適切な学習計画を立てる
　　② 教材を用いて計画に沿って勉強を継続する
　　③ 学習計画がうまく機能しているかチェックし，機能していない場合には計画を修正する
　と言い換えて，1年間の授業を通じて向上したと感じるかを5段階（5. とてもそう思う，4. 少しそう思う，3. どちらともいえない，2. あまりそう思わない，1. 全くそう思わない）で回答してもらいました（回答率：74%）。次ページの表1がアンケート結果の全体像を表したものです。

　この図から70%以上の生徒が授業を通じて，自律的学習に必要な3つの項目を向上できたと答えていることがわかります。特に① の教材を選び，学習計画を立てること，② の教材を用いて学習を継続するという項目では，35%もの生徒が「とてもそう思う」と答えました。

　自由回答欄の① ［教材設定・学習計画］には，「宿題が細かく決まってい

表1　生徒アンケートの結果

1年間の授業を通じて以下の能力が向上したか					
	とても そう思う	少し そう思う	どちらとも いえない	あまり そう思わない	全く そう思わない
①教材設定・学習計画の能力	35%	42%	16%	5%	2%
②計画に沿って継続する能力	35%	42%	17%	7%	0%
③学習計画のチェックと修正	26%	47%	21%	7%	0%

ないので，自分に必要なことを自分で選んで学習することができるから」や
「目標を意識することは今までよりできるようになったと思う。教材を自分
の興味があるところから探せるようにもなったと思う」といった回答があり
ました。教師に言われるがまま，何も考えずに決められたことをやるのでは
なく，生徒が自分自身と向き合って学習を考えることに繋がっていったよう
です。

　②［計画に沿って継続する能力］については，「ポートフォリオ（実践者
注：マンダラート・宿題票・自主学習ノートの3つを合わせたもののこと）
で毎週宿題をする際，自分が英語で何をしたいのかを考えて宿題を選ぶよう
にしていた」「ポートフォリオがあると，自分へのプレッシャーになったし，
いろんなところから勉強してみようと思えた」のように，宿題票などを原動
力として取り組むようになった生徒がいました。

　一方で，「理想と現実が合わず，やる気が失われていって勉強をしなくな
ることが多々あった」というような意見もありました。マンダラートに描い
た理想に追いつけていないという現象は，この実践を行う中で実践者自身も
感じており，問題点を鋭く指摘したコメントでした。この，「理想のせいで
むしろやる気が失われた」という状況を減らしていくために，生徒の宿題票
やマンダラートに対して，教員やクラスメイトのフィードバックが欠かせな
いと確信しました。

5.2　教師の変化：J-POSTL 自己評価の変化

　最後に実践者が授業改善に取り組み，教師として成長するために，最初に
設定した4つの課題について，自己評価がどのように変化したのかをまとめ
ます。

・学習者が自分で目標や学習計画を立てる手助けや指導ができる。[J-VI-A-3]

　自分で宿題を決定できる自律的学習者を育成するには，まず彼らに学習計画を立てさせることが必要不可欠でした。同時に，自律の意味となぜ宿題を自分で決めなければならないのかという理由を理解することが重要でした。そこで初回の授業で時間内にマンダラートや宿題票を記入させ，フィードバックを行いました。また，具体的に宿題の例を示し，学習のイメージを膨らませるような助言もしました。これらを通じて，生徒が長期・短期目標を設定し，その目標に見合った学習方法を考えるよう促すことができました。

・学習者が自分の学習ストラテジーや学習スキルを向上させるのに役立つような様々な活動を設定できる。[J-VI-A-6]

　さらに，宿題を決定できてもそれが効果的でない場合もあります。生徒がそれぞれに見合った有意義な宿題を決められるようになるためには，彼らが学習ストラテジーを向上させる必要もありました。そこで，授業では様々な活動（たとえば，リプロダクショントレーニングと呼ばれるリテリングのアクティビティやサマリーライティングなど）を行ったり，時には効果的な学習について第二言語習得理論を使って簡単に説明することもありました。授業で行った活動を宿題としても取り上げた生徒が多くおり，学習ストラテジーやスキルの向上に貢献できたと考えています。

・学習者が自主的に宿題を進めるのに必要な支援を行ない，学習時間の管理の手助けができる。[J-VI-B-2]

　この記述文の前半部分は，まさに本実践で目指したことです。ところが，この後半部分「学習時間の管理の手助け」が実践者にとって今後の大きな課題となりました。毎授業で，宿題についてフィードバックをする機会を設けるなどして，宿題をためる生徒が減るように改善策を練っていくことが必要だと感じています。

・学習者の意見を取り入れて，宿題の内容，種類，量などを決定できる。[J-VI-B-4]

　この点も本実践の中で最も重視した事柄です。生徒に宿題の内容や量を決定させましたが，宿題の難易度が低すぎたり，量が少なすぎたり，逆に理想

を高く持ちすぎて自分の能力を超えた宿題を設定し，結果的にやる気が下がるというケースがありました。宿題を生徒が決めるという主軸は今後も継続していきますが，生徒たちが「身の丈にあった」宿題を決定できるよう，どのように指導していくかという点は今後の課題として残っています。

　J-POSTLでの振り返りを通じて，自身が選んだ自己評価記述文だけでなく，今回目標として取り上げなかった記述文にも多くのヒントが隠されていることがわかってきました。たとえば，自立学習の「D. ポートフォリオ学習」の項目を見ると，

・ポートフォリオを利用した学習の成果を自己評価したり，クラスメイトと
　互いに評価しあうように促すことができる。[J-Ⅵ-D-5]

とあります。この点はまさに本実践を行っていて，今後の課題として見えてきたところです。この点を改善し，生徒が学習に対して自分で評価・反省をしたり，クラスメイトとアドバイスを出し合ったりする方法を工夫すれば，それ自体が「自主的に宿題を進めるのに必要な支援」になり，「学習ストラテジー」の改善へと繋がることでしょう。

　J-POSTLは，教師として足りないところ，改善したいところを気づかせ，改善するためにはどのような方策や工夫が必要なのかを考える手助けとなり，時に思いがけないヒントをもたらしてくれるツールです。J-POSTLを通じて，教師の課題を発見し改善するだけでなく，その振り返りから，新たな課題が垣間見え，それを解決するための手がかりを得ることができました。

2. 知識構成型ジグソー法を活用したプロジェクト型学習 ［高校］

鶴田京子

　進路が多様な県立高等学校において，生徒を主体的な学習へと導くための 3 年間の指導の試みについて紹介します。実践校の場合，大学受験の準備だけでなく，実社会で英語に向き合う必要ができた時に活用できる学習経験を積ませることが必要であると考えました。そこで，J-POSTL の「自立学習」の理念に着目し，言語の使用体験を重視した実践型のタスクを用いた授業を展開しました。さらに，知識構成型ジグソー法を活用したプロジェクト型学習を行い，学習内容を自分自身のこととして考えられるような活動を行いました。その結果，学力ばかりでなく進路においても例年以上の成果を得ることができました。

〈キーワード〉タスク，協働学習，プロジェクト型学習，知識構成型
　　　　　　　ジグソー法

1. 背景

1.1　勤務校の環境

　勤務校は埼玉県の南部にある公立高校で，実践時は2018年 4 月に合併を控えていました。1 学年 4 クラス，全校で500名に満たない，県内では小規模の進路多様校で，推薦制度を利用して進学する生徒が多い学校でした。好きなこと以外には継続的に学習することを苦手としている生徒が多い傾向にありました。英語に対する意識も生徒によりさまざまで，苦手意識を持ってい

る生徒も多くいました。学校の取り組みとして、年に1回英検の全員受検を実施していました。また、小規模校のメリットを活かし、授業は1つの科目を1人の教員が担当し、学年で統一した指導ができるようになっていました。

1.2　実践者について

埼玉県の公立高校から勤務を開始し、進路多様校、進学校を経て、実践校が3校目となります。初任の進路多様校では教員という仕事に慣れることで精一杯でしたが、進学校に異動した後、大学院で英語教育について改めて学び、生徒同士が学び合う活動に興味を持ちました。そこで、ペアによる音読活動や、作文のピアフィードバック活動を授業に取り入れ、授業内に生徒同士のやりとりが生まれるように意識して授業を行っていました。進学校は単位制の学校であったため、1つの科目を多くの教員で担当する必要があり、定期考査までに決められた範囲をこなしていくことで精一杯で、短時間で行うことのできるペアワークしか実施することができませんでした。

実践校では担任として学年に属すると3年間持ちあがって指導をすることが可能になりました。学校全体として決められている方針がないので、担当者の裁量で授業を構成できる環境にありました。1年生の担任になるにあたって、生徒の実態を把握し、3年間を見据えた授業の設計が必要であると感じました。この機会に学び合いの活動も授業に取り入れたいと考えました。

1.3　授業改善の課題

生徒の実態に合った、英語に興味を持たせる授業をするにはどうしたらよいかをはじめに考えました。大学受験を主要な動機として英語を学習する生徒はほとんどいません。そこで将来改めて英語を勉強する必要がでてきた時に、高校時代の英語学習の成功体験があれば、1人で学習を開始することができるのではないかと考えました。それには、学校の取り組みで行っている資格取得だけを目標とするのではなく、教科書や教材の内容を用いて自らの学びを深めることはできないかと考えるようになりました。そこで、J-POSTLの「自立学習」分野の以下の3つの記述文を教師の課題として設定しました。

・学習者が各自のニーズや興味・関心に合ったタスクや活動を選択するように支援できる。[J-VI-A-1]

・学習者が自分の学習過程や学習スタイルを認識し振り返るために役立つ
　様々な活動を設定できる。［J-Ⅵ-A-5］
・ねらいや目的に応じてプロジェクト学習を計画し実施できる。［J-Ⅵ-C-3］

　本実践でのプロジェクト学習とは，「学習者自身が調べて，検討したこと
を英語で発表したり，意見交換を行うことを前提とした学習活動で，『考え
る機会』を提供する活動」（清田，2017）という定義を採用しています。

2.　授業改善の目標と方法

2.1　英語に興味を持たせるために

　上述したように，英語を苦手としている生徒が多くいるため，50分の授業
時間をどのように構成していけば生徒を英語学習に向かせることができるよ
うになるかを考えました。そこで，目標とした J-POSTL の記述文に沿って，
タスクを活用することにし，その授業の構成を検討しました。鈴木（2017）
はタスクには以下の6つの条件が必要であると述べています。

(1) 教材やアクティビティを組み合わせて，学習者の行うタスクに計画
　　性を持たせる。
(2) インフォメーション・ギャップや，異なる意見を引き出す活動を用
　　いて，意味のある英語の使用を促す。
(3) 現実世界でもありうる言語使用を促す目的で行う。タスク特有のや
　　りとりになることもあるが（間違い探し等），情報交換や意見交換
　　等，実際に行われるやりとりを行う。
(4) タスクは読む，書く，聞く，話すのどの項目を含んでいてもいい。
(5) タスクの学習者が自ら「考える」プロセスを行う。学習者自ら何か
　　を選んだり，整理したり，理由づけをし，学習者が自分の使いたい
　　言葉を選択する。
(6) 言語に直接関係しないゴール（たとえば，Wh 疑問文を習得すると
　　いったゴールでなく，「部屋から脱出する」というテーマのタスク
　　で最も良い脱出ストラテジーを見つける，など）を設ける。

　実践校の生徒は同じ活動を長時間行うことを苦手としているため，複数の
簡単なタスクを用意し，授業展開が単調にならないように工夫する必要があ
ります。そこで，英語が比較的易しいレベルの教科書に変え，さまざまなタ

スクを行う時間を多く設けられるようにしました。

2.2　教科書の内容を深めるプロジェクト型学習の設定

　教科書で扱われた内容を深めるための最終的なタスクとしてプロジェクト型学習の導入を検討しました。ちょうどこの時期，埼玉県では東京大学の教育支援コンソーシアム推進機構（略称 CoREF）と連携して授業研究を行っていました。CoREF のホームページによると，この名称には 2 つの意味がこめられています。1 つは機構の英語名の頭文字（Consortium for Renovating Education of the Future）であり，もう 1 つは「協働的な省察（collaborative reflection）」の略語です。これは「人が人とかかわり合いながら自分の考えを見直して作り直してゆく過程」を意味しています。そして，「学ぶとは，人とかかわり合いながら賢さを育て続けること」と定義しています。まさに J-POSTL の「自立学習」の理念と親和的です。その学びの方法が「知識構成型ジグソー法」で，協働学習が起きやすい環境を支える授業デザインの枠組みを提供しています。具体的には図 1 のようなステップを踏んで授業を展開

Step 1　与えられた問いに個人で答える
（教師から与えられた問いに1人で思いつく答えを書きます。）

Step 2　エキスパート活動で専門家になる
（同じ資料を読み合うグループを作り，資料への理解をグループで深めます。）

Step 3　ジグソー活動で交換・統合する
（異なるグループのメンバー同士で新たなグループを作り，エキスパート活動で理解した内容を説明し合います。他のメンバーの説明を聞いて，自分が担当した資料との関連性を考えます。それぞれの知識を組み合わせ，問いの答えを作ります。）

Step 4　クロストークで発表し，表現をみつける
（それぞれのグループが答えとその根拠をクラス全体に発表します。発表を通して表現方法を見直し，お互いの答えと根拠からその違いを見つけ，自分の考えを再構築します。）

Step 5　個人に返って問いに答え直す
（はじめに立てられた問いに再び向き合って，1人で問いの答えを記述します。）

図 1　知識構成型ジグソー法（CoREF のサイトを基に作図）

します。図では若干簡略化して示しています。詳しくはhttp://coref.u-tokyo.ac.jp/archives/5515をご参照ください。

　この手法を用いて教科書の単元で学んだ内容をさらに深めたり，自分の将来について考えさせるような教材を作成し，実践しました。問いに対して考えることに焦点があてられるため，自ら考えたことを英語で発表したりまとめたりする言語活動につながることを期待しました。

　以上のように，タスクを活用することで生徒は英語学習のさまざまな方法を知り，またプロジェクト型学習で経験を積むことにより，自分が習得した言語技能や学習内容の活用方法が明確になり，自立的な学びにつながるのではないかと考えました。

3. 授業実践

3.1　簡単なタスクを用いた授業構成

3.1.1　1年生の場合

　家庭で予習をしてくることを前提として授業を行うのは難しいと考え，生徒の意識を英語に向かわせるために，簡単なタスクを授業に取り入れることから始めました。50分間に数種類のタスクを入れることで教科書の本文を読む回数を増やし，それぞれのタスクは似たような活動が続かないようにすることで，4技能が入るような構成にしました。日常から簡単なタスクを行い，最終段階として知識構成型ジグソー法を活用したプロジェクト型学習に取り組めるようにしたいと考えました。その結果，1年生は活動を主としてListeningとReadingで構成し，最終的にSpeakingとWritingのProduction活動につなげる授業を展開し，次ページ図2のようなワークシートを作成して進めることにしました。

　図2のワークシート例のように，それぞれのタスクを進めていくと本文の内容を理解できる部分が増えるように質問する視点を変えました。また，本文の内容を理解して終わるのではなく，その内容に関連した生徒自身の考えを言わせる質問をQuestions & Answersのタスクの中に入れ（図2のTask 5のQ3参照），読んでいる内容が生徒自身の生活と関係していることに気づいてもらえるように工夫をしました。例えば，キャリアに関するレッスンを読んだ後には "What do you want to do in the future?" という問いを設定し，ペアで意見を交換する機会を設けるようにしました。タスクははじめ個人で取り組みますが，全体で答え合わせをする前にペアで答えの確認を行うよう

Communication English IA No.18 Lesson 7-1	
● Aims:コウテイペンギンの生態を理解しよう	
活動	ワークシートの例
Listening	Task 1 Listening　　Write T or F 　　1. (　　　　) 　2. (　　　　) 　3. (　　　　) 　4. (　　　)
⬇	Task 2 Vocabulary（略）
Reading T/F questions	Task 3 Reading　　T or F　　　　　　　　　　　　T or F　　page & line 1. The males look for the food for their babies 　 while the females are taking care of their eggs.　　(　　) (　　　　) 2. Emperor penguins raise their babies about three 　 months.　　　　　　　　　　　　　　　　　　　(　　) (　　　　)
⬇	Task 4 Fill in the blanks（本文の空所の穴埋め。ヒント付き。）
Reading Questions & Answers	Task 5 Q & A 1.　Where do emperor penguins live? 2.　When do emperor penguins face great hardship? 3.　Which do you want to visit, warm place or cold place? 　　Why?
⬇ Listening	Task 6 Listening　　Circle the right word. 　　Look at this picture. Some emperor penguins are walking slowly (on / in) ice. They look cute, but have you ever (through / thought) about their lives? 　　Emperor penguins live in the Antarctic. They face great hardships as they (raise / rise) their babies. After the females lay their eggs, they go to the sea and look (for / at) food. The males (look / take) care of the eggs for over three months (without / with) eating.
⬇ Reading Aloud	Task 7 Reading aloud with ...①Repeat after CD or ALT ②Buzz reading 　　　　　　　　　　　　③Pair reading 1 ④Pair reading 2 　　Look at this picture. Some emperor penguins are walking slowly (　　) (　　). They look cute, but have you ever thought about their (　　)? 　　Emperor penguins live in the (　　). They face great (　　) as they raise their babies. After the females lay their eggs, they go to the sea and (　　) (　　) food. The males take (　　) of the eggs for over three months (　　) eating. 　　　　　　Task 8 Speaking and writing（略）

図2　1年生ワークシート構成例

にしました。こうすることで英語が苦手な生徒も課題に取り組むことができるようになり，相談する時間でわからない所を確認し，全体で答え合わせをするとき安心して自分の答えを発言できる環境ができました。

3.1.2　3年生の場合

　3年生になると生徒間での英語の力の差が大きくなり，教科書の英文も難しくなってきたため，ワークシートの構成を変える必要がでてきました。基本的な構成とワークシートのタスクの形式は踏襲しましたが，図3に示したように Reading の T/F questions や Questions & Answers を解く前に図を使って本文の流れを理解させる Information Transfer のタスクを入れることにしました。

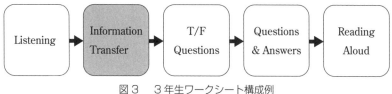

図3　3年生ワークシート構成例

　Information Transfer のタスクは問いや本文の内容を本文の絵や図を用い
て表現する活動です。図4はワークシートの実例です。

図4　Information Transfer のタスク例

　このタスクのやり方ですが，まず1人で問いに取り組み，空欄に絵を描き
ます。例えば，この単元は第2次世界大戦中にリリー・マルレーンという歌
が，ドイツと敵対する連合国側の国々の両方の兵士にひとときの人間らしさ
をもたらすという内容で，その内容を図解します。続いて，それをペアで共
有します。その間，教師は机間巡視をしていくつか作品を選び，プロジェク
ターを使ってクラス全体に提示しながら，絵が本文の内容とマッチしている
かどうかを全員で確認していきます。1人では完全には把握できていない事
柄も，クラス全体で共有していく中で，足りない部分が補われて全体の内容
把握ができます。英語が苦手でも絵が得意な生徒は，自分のわかった部分だ
けでも絵で表現します。それが良い作品の一例として全体に示され，他の生
徒の作品とともに全体の内容理解に貢献すれば，小さくとも成功したという

体験をさせることに通じます。このような経験を積み重ねることで，英語を理解し使ってみようという意識を育てられたのではないかと考えています。

3.2 「知識構成型ジグソー法」の活用

　上述のように日常の授業でペアワークを積極的に取り入れていたため，「知識構成型ジグソー法」を活用して教科書の内容をさらに深い学びにできるのではないかと考えました。実践校は当時，指定校推薦枠から進学可能な大学などを選ぶ傾向があり，生徒の主体的な進路選択が課題となっていました。使用していた教科書 *All Aboard! Communication English II*（東京書籍）の Lesson 6 Grandchildren's Restaurant が高校生の進路に関する内容であったため，このレッスンの学習後「知識構成型ジグソー法」を使って自分の進路選択について考えさせる活動を行うことにしました。授業は2時間使って行いました。最初の時間に3人グループに分かれてエキスパート活動を行い，2時間目にA，B，Cのエキスパートが集まって3人のグループを作ってジグソー活動を行いました。教師はファシリテーターとしての役割を担い，活動の補助をしました。図1（p.76）に沿って具体的な手順を以下に示します。

Step 1　問いの設定

　図5のイラストは，右側の男子生徒がその右側の吹き出しに描かれた女子生徒に相談されたことを，左側の女子生徒に伝え，さらにその相談内容につ

図5　やり取りの例

いて助言を求める，という設定になっています。このように設定にしたのは，第3者に対する助言なので，目の前の相手に対するより客観的になれると考えたからです。進め方としては，まずイラストのやり取りの例を読ませ，「あなたが友人から大学の受験方法について相談されたらどのようなアドバイスをするか？」という問いがこの活動の課題であることを理解させ，個人でどのような助言をするか考えさせます。しかし，このイラストだけでは適切なアドバイスはできないので，例として相談を持ち掛けた女子生徒の評定平均，学びたい内容，部活動などの個人情報と，学校の状況を Other Information として表1のかたちで提示しました。このワークシートは *All Aboard!* のⅠとⅢの教科書を基に実践者が作成しました。

表1　Other Information

Grade average（評定平均）	4.0
Subject she wants to study	She wants to study architecture（建築）.
Club	She is the captain of the badminton club. She won several games and joined prefectural tournament.
Other information	1. Her school cannot recommend students to a university with an architecture department. 2. There are some universities that offer AO exams（AO入試を実施する）for an architecture department but they are not her first choice（第一志望）. 3. She needs to study hard to pass the general exam. ＊Only 10% students of her school take the general entrance exams because they're difficult.

Step 2　エキスパート活動

　3人で1つのグループを作り，異なる受験方法を利用して大学に入学した卒業生のレポート（A. 指定校推薦，B. AO入試，C. 一般入試）を各グループに1種類配布します。それぞれの特徴を理解し，次のジグソー活動で組む他のグループの生徒に伝えられるように準備をします。できるだけ英語で発話をさせ，また聞き手にもわかるよう次のような共通のフォーマットシートを用意しました。

| The student's grade average is _____. |
| She chose this type of exam because _____. |
| The exams are _____. |
| Her university life is _____. |
| Advice for the students is that they _____. |

図6 フォーマットシート例

Step 3 ジグソー活動

　それぞれ異なるグループから集まった3人1組のグループを作ります。エキスパート活動で理解した内容を新しいグループ内で発表し，3種類の入試方法のメリット，デメリットについて表2を使ってまとめます。入試形態について全く理解していなかった生徒もおり，それぞれの入試の特徴をまとめるのに時間がかかりました。その後グループとして勧める入試方法と意見をまとめていきました。

表2　意見をまとめるための表

	A. Recommendation	B. AO	C. General
Type of school	University	University	University
Students' grade average			
Required（必要な）grade average			
Exam contents（試験の内容）			
Type of exam			
Reason why they take the type of exam			
University life			
Advice for high school students			

Step 4 クロストーク

　それぞれのグループで出た意見を発表してもらい，全体で共有しました。どのクラスでも意見が分かれ，その理由もさまざまなものが出てきました。やりたいことが決まっているならば，入試方法は関係なく目標に向かって頑張るべきであるという意見，今考えている学部はもしかしたら本当に学びた

い学問ではないかもしれないから，指定校推薦を利用するべきだという意見
なども出てきて，異なる視点からの意見が見られました。

Step 5　個人に返って問い直す

　クロストークで出てきた意見を参考に，最後に自分の言葉でもう一度問い
に対する考えをまとめます。最初に書いた答えから表3のような変化が見ら
れました。

表3　意見の変化の例（英語は生徒の原文のママ）

生徒	授業前	授業後
1	She should take recommendation exam because her grade average is good.	She should take the general exam because it is difficult but if she studies hard, she can pass. ⇒ジグソー活動を実施した結果，第一志望をつらぬくべきであるという意見に変化。
2	She should take recommendation exam because it is easier than any other exam.	She should take AO exam because it is important for her to study architecture in university. ⇒勉強したい学問ができる学校の AO 入試を受けるべきではないかという結論に変化。
3	She should take AO exam because general exam is difficult.	She should take AO exam because it is important to study architecture. ⇒選んだ受験方法に変更はないが，その理由が難易度ではなく，学習内容に変化。

　上記以外にも自分は挑戦できないけど，アドバイスをするならば他の入試
方法を勧めたいといった意見も見られ，友人へのアドバイスという設定でし
たが自分のこととして考えている生徒も見受けられました。

4.　実践の成果と今後の課題

4.1　簡単なタスクを用いた授業構成

　タスクを用いた授業を行うことで，基本的な言語表現の理解やその活用な
どメリハリをつけて授業を行うことができました。短い時間で次のタスクに
移るため，テンポよく取り組めたのがよかったようです。3 年間持ちあがる
メリットを活かし，各学期末に実施する学習アンケートなどを参考に軌道修
正できたことで，生徒の実態に合わせたタスクを提供することができました。
実際にどのタスクに興味を持ったのか等を調査することができなかった点は，

反省点として挙げられます。

4.2　プロジェクト型学習を終えて

　「知識構成型ジグソー法」は学びを深めさせる一つの手段として，有益であったと考えています。上記で紹介した進路学習とリンクした実践では，この教材をきっかけに自分の進路選択を考えさせ，自ら行動して進路について調べるきっかけを作ることができました。課題解決という手法を通じて，教科書で学んだ内容をパーソナルなものに落とし込むことができ，意味のある学びにつながったと考えています。

　ジグソー法の難しい点は，生徒に合った教材作りです。学びを深める問いの設定は最も難しく，目の前にいる生徒をよく観察し，彼らに身近なこととなるような活動を設定するのに時間がかかってしまうため，各学期に1回ぐらいの活動が適切と考えています。

4.3　生徒の変化

　生徒が将来改めて英語を学習する必要性を感じた時に活かせる体験的な学習を提供するという点では，生徒を3年間受け持つ中で多少の差はあれ達成できたと考えています。入学時には英検2級の取得者が全くいなかったのが，卒業時には12名合格したことや，進学先として語学，国際関係，観光など外国語を必要とする学校を選択する生徒が前年度の倍の数に増えたことも授業改善の成果であるととらえています。

4.4　教師の変化

　教師の課題として設定した3つの評価記述文に関して，自己評価がどのように変化したのかをまとめます。

・学習者が各自のニーズや興味・関心に合ったタスクや活動を選択するように支援できる。[J-VI-A-1]

　この記述文は筆者が挙げた3つの課題の中で最も達成できたと思います。3年間同じ生徒を指導することができたため，目の前にいる生徒の実情に合わせてタスクや活動を改善し，生徒が取り組みやすいように支援することができたと考えています。

・学習者が自分の学習過程や学習スタイルを認識し振り返るために役立つ
　様々な活動を設定できる。[J-Ⅵ-A-5]
　授業で使用したワークシートを振り返ってもらうことや，学期ごとに実施
していた授業振り返りのアンケートで学習を振り返る機会を与えましたが，
教師としてもう少し効果的な振り返りの手段を設定することも必要だったの
ではないかと反省しています。

・ねらいや目的に応じてプロジェクト学習を計画し実施できる。[J-Ⅵ-C-3]
　教科という枠を超え進路指導の点からも自律的な学習につなげることがで
きました。日常的に生徒が取り組みやすいタスクを取り入れ，主体的に授業
に取り組む姿勢を育成することができたからこそ，プロジェクト型学習を計
画し，実行することができたと考えています。この方法は教材作成に時間が
かかるという課題があるため，他のプロジェクト学習の研究を今後進めると
ともに，知識構成型ジグソー法に関してもさらなる研究が必要であると感じ
ています。

　J-POSTL は細かく分野や領域が分かれているため，自分が課題としている
点をさまざまな視点で見ることができました。また，新任の教師だけでなく，
実践者のような中堅の教師にとっても自分の英語教育を振り返るきっかけに
なります。今まで教員生活を送ってきた中で，あまり考えてこなかった観点
を発見することもありました。
　今回は J-POSTL の「自立学習」の中で３つの項目を目標としてあげまし
たが，１つ１つの項目が独立したものではなく，それぞれを関連させながら
授業を構築することができたと考えています。幅広い視点で自分の授業を検
証していくことが，教師としての成長につながっていくため，今後とも自己
省察を続けていきます。

3. 学習ポートフォリオを活用した実践 ［中学］

松津英恵

　自立学習の基本となる「学習の継続的な振り返り」が課題であった国立大学附属中学校における3年間の指導実践について紹介します。具体的には，高等学校の検定教科書に準拠したポートフォリオを利用し，年度当初に実施する「英語学習に関する振り返りシート」，年度当初と各学期末で使用する「Can-Do リスト」，教科書の各 Unit の学習の記録などをつけていく「振り返りシート」などを準備しました。生徒には，これらのシートを記入して提出させ，返却されたらその記録をファイルに保存しておくよう指示しました。この取り組みにより，学習を継続的に振り返ることが可能となりました。

〈キーワード〉主体性を育む，学習ポートフォリオ，継続的な振り返り

1. 背景

1.1　勤務校の環境

　勤務校は教育系国立大学の附属校として，特に幼小中連携教育研究に学校研究として取り組み，その歴史は1980年代にまで遡ります。校舎改築に伴い，1999年に小中一体型の校舎となってから，2000年代より本格的な連携教育研究体制が始まり，「主体性を育む」というテーマのもとで研究が続けられ，現在に至っています。また教員養成および教員志望の大学生の教育実習の受け入れを年間2〜3回行っています。生徒数は各学年とも4クラス編成です。各学年の在籍生徒の内，附属の小学校出身者が半数弱，勤務校以外の附属小

の出身者が20名弱，その他は一般入試を経て入学する生徒です。

1.2　実践者について

　初任で私立中高一貫の女子校に勤務し，その後，国立大学附属中学校２校に勤務し，教歴は20年以上になります。授業の組み立てや授業を構成する活動を主として学びながら，授業改善に取り組み，現在も学習目標に応じた言語活動をどう取り入れるかについては授業の度に日々検討しています。

　学習者側の学びに目を向けるようになったきっかけは，イギリスでの７週間の TESOL の研修に参加したことでした。その研修ではさまざまな活動や指導法が紹介され，授業改善の重要性を考えるようになりました。

1.3　ポートフォリオ導入以前の２つの取り組み

　本稿で紹介するポートフォリオ以前に学習記録の活動として取り組んでいたのは「英語学習に関するアンケート」と「英語学習ダイアリー」です。「英語学習に関するアンケート」で生徒に記入してもらった項目は，① 前年度までの英語学習での自己評価など，② 英語学習に関する目標や具体的に取り組みたいこと，③ その他「自己PR」など（部活動や趣味など，英語や授業に直接関係のないこと等も含めて），の３点です。このアンケートは生活指導や学級経営にも役立ち，生徒との話題や人間関係作りで有効でした。しかし，生徒にとっては記入して提出してしまうと手元に残らず，回答した内容を振り返ることができないので継続性が保たれない状態になっていました。

　またもう１つの学習記録である「英語学習ダイアリー」では，① 授業の内容（教科書の題材や言語材料など），② 毎回の授業中の発言や参加度・取り組みなど，③ 毎日の家庭学習の内容（教科書の音読や基礎英語などのラジオ番組の視聴など）を記入し，その月にどのように学習に取り組んだかを確認することができます。しかし，生徒によって取り組みに大きな差があることや，月ごとで１冊のダイアリーが完結してしまうため，生徒の学習の足跡が辿りにくくなり，個々の生徒の将来における英語学習活動の展望が描きにくいという欠陥があることに気づきました。

1.4　ポートフォリオの導入

　前述の２つの取り組みの課題を解決する有効な手段を探していたところ，ある研修の機会に学習ポートフォリオというツールがあることを知りました。

そこで紹介されたのは，*My Learning Mate*（以下，MLM；清田，2017）というポートフォリオです。MLM はある高等学校検定教科書に準拠して開発されたもので，学習者の自己学習管理能力を育て，自立学習を促すというポートフォリオ理論に立脚しています。この考えは，本校の「主体性を育む教育」の方向性と合致していました。さらに，MLM はその構成もシステム化され利便性が高く，これまでの取り組みの欠陥を補い，中学校でも応用可能であることがわかりました。そこで，2016年度は中学2年生，2017年度は中学3年生，2018年度は中学1年生の順で導入してきました。

2. 学習ポートフォリオを使う授業の目標と方法

2.1 学習ポートフォリオ導入のねらい

英語学習への主体的な取り組みを目指して，次の2点を中心的な目的としました。モデルである MLM を中学校である本校の実情に合わせながら適宜修正・追加して生徒に取り組ませることにしました。

- ・1年間の学習目標に沿って，各学期の学習成果を振り返らせ，学習への主体的な取り組みを促す。
- ・今後の進路を見据え，将来においても英語学習を楽しみながら続けていく生徒を育成する。

2.2 授業改善の目標

学習者の主体性を引き出し，自立的な学習者を育成するためには授業内容や進行が個々の生徒のニーズに対応できるものでなければならないと考えました。そこで J-POSTL で挙げられている「学習者の自律」と「ポートフォリオ学習」の自己評価記述文のうち，以下の5つの記述文を自分の授業改善の課題としました。

- ・学習者が自分の知識や能力を振り返るために役立つような様々な活動を設定できる。[J-Ⅵ-A-4]
- ・学習者が自分の学習過程や学習成果を自己評価できるように支援できる。[J-Ⅵ-A-2]
- ・学習者にポートフォリオを利用した学習に取り組ませるための具体的な目標や目的を設定できる。[J-Ⅵ-D-1]
- ・学習者にポートフォリオを利用した学習に取り組ませるための指導計画を

立案できる。[J-Ⅵ-D-2]
・学習者にポートフォリオを適切に使えるように指導し，建設的なフィードバックを与えることができる。[J-Ⅵ-D-3]

2.3　授業の方法

　MLM は 7 つのセクションから構成されている冊子です。しかし，導入時は，この形態で各学年用のポートフォリオを作成し，生徒全員に配布することは，時間的・経済的に不可能でした。そこで，使用教科書を基に MLM に含まれる項目のうち，中学でも利用可能なものを修正・加筆して各シートを作成しました。例えば，高校生を前提とした中学までの学習の振り返りや高校卒業後の進路の検討項目などは省き，自分の学習を 1 本の木の成長に見立てた「自分の木」などの項目を活用しました。準備期間が短かったことから冊子としては配布できず，新しい Unit に進む際にその都度配布しました。各 Unit の振り返りシートでは，英語を使ってできること，当該 Unit の教材を通して学んだことや考えたことを記入して提出し，返却されたらその記録をファイルに保存しておくよう指示しました。つまり，そのファイルが最終的にポートフォリオの形態として残るようになるわけです。教師側では授業で伝えたこと，扱ったことを生徒たちがどのように受け止め，学習しているかについて把握し，また理解が不十分なところ等についてはどうサポートするかを検討する資料としました。具体的には，MLM の主要なセクションを参考に，使用している教科書（*NEW HORIZON English Course*，東京書籍）に沿って，表 1 のような構成でポートフォリオのシートを準備し，各単元の学習の目標確認，学習後の振り返りなどに取り組みました。

表 1　MLM に基づいて作成したシートと実施時期

MLM のセクション	作成したシートなど	実施時期
私の英語学習のプロフィール	英語学習に関する振り返りシート	年度当初
英語学習の目標と自己評価	Can-Do リスト 学習方法についての振り返りシート	年度当初と各学期末 上記のいずれかに年 1 回
学びの記録	Unit ごとの振り返りシート	各 Unit 終了時

私のドシエ	テストの振り返りや課題学習の作品などの保管，自主学習の記録など	随時

3. 授業実践

3.1 「英語学習に関する振り返りシート」の作成と実践

3.1.1 シートの作成

　このシートは，自分のこれまでの学習を振り返り，学習スタイルを確認して課題を見つけるように設計されています。「1. 背景」でも述べた通り，実践者はポートフォリオ導入前から年度初めに「英語学習についてのアンケート」を毎年実施してきました。その質問項目は前述の通りですが，それらの項目について MLM を参考にして改めて見直し，次のような項目を立ててアンケートを実施しました。ただし，学年ごとに多少の違いがあります。

・4技能のうち，自分が得意なものと苦手なもの
・自分が好きな学習方法
・現段階で取得している英語の資格（英検など）
・前年度の学習状況を振り返り，がんばったことや課題
・前年度の学習内容のうち，言語材料や文法項目についての理解度や習得状況など（自己評価）
・当該年度に目標としていることやそれらを達成するために取り組もうと考えていること
・授業中にやってみたい活動
・教科に関係ないことも含め，興味関心のあることや自己 PR など

3.1.2 実施方法と生徒の反応

　ポートフォリオの取り組みは新年度がスタートして，「今年度こそがんばろう」「学年も上がって，そろそろ英語をがんばらないと」など，生徒たちが前向きな気持ちや危機感を持つタイミングで実施しました。生徒たちは前年度までの英語学習の内容，自身の取り組みを振り返り，新しい学年でどう学習に取り組んでいきたいかについてそれぞれ書き出していました。

　これまでも自主的な学習として，日常の教科書や教材以外に生徒たちが取り組みやすいと思われる学習方法を提示してきました。例えば，その一つとして入学当初から「基礎英語」のラジオ放送を活用するように推奨してきま

したが，それらに追加して新たにポートフォリオの取り組みとして生徒自身が自分の英語学習の取り組みを振り返る機会を提供することで，自立的に学ぶ重要さが伝わっていったと思います。

3.2 「Can-Do リスト」の作成と実践

3.2.1 リストの作成

　MLM に掲載された「英語学習の目標と自己評価（英語力の伸びを確認しよう　～どれだけできるようになったかな？～）」の形式に倣い，また英検で公表されている Can-Do リストを参考にしながら，学年集団に合わせた内容の「Can-Do リスト」を作成しました。図1は中学2年生の「読むこと」の事例です。2年生の「Can-Do リスト」では，英検4～3級の Can-Do リストで示されている項目を参考に，4技能別にした形で実践者が独自に作成

英語力の伸びを確認しよう　～どれだけできるようになったかな？～

2年（　）組（　）番（　　　　　　　　　　　　　　）

各項目について、A「ふつうにできる」、B「なんとかできる」、C「今は難しいからこれからがんばる」の3段階で評価してみよう。成績にはまったく関係ありません。今の自分ができること、自分がどれだけがんばったのかわかるように、振り返ってみましょう。

	簡単な文章（物語や身近なことなどについて）や表示を理解することができる。	4月	7月	12月	3月
読	1 自分に身近なことや家族のことなどについての短い手紙やEメールを理解できる。				
	2 興味・関心のあること（スポーツや音楽など）についての英文を理解できる。				
	3 短く、簡単な英文（伝記、童話など）を理解することができる。				
む	4 公共施設にある簡単な表示を理解できる。				
	5 簡単に書かれた英語の地図を見て、通りや店などを探すことができる。				
こ	6 イラストや写真、グラフなどの資料がついた簡単な英文（物語や説明文）を読んで理解することができる。				
	7 簡単な英語のメニューを見て、理解することができる。				
と	8 パーティの招待状などの内容を理解することができる。				
	9 時刻表を見て、目的地や到着時刻などの情報がわかる。				

図1　Can-Do リスト「読むこと」

しました。

3.2.2　実施方法と生徒の反応

　Can-Do リストの評価の時期は4月，7月，12月，3月の4回で，年度初めと学期末に行い，評価は，A「ふつうにできる」，B「なんとかできる」，C「今は難しいからこれからがんばる」の3段階としました。

　年度初めと各学期末の年間4回，自分が英語で何ができるかを自己評価し，日々の学習に取り組むことが実際に自分の英語力の伸びにつながっていると気づくことができるので，生徒たちが自分の学習方法に自信を得たり，達成感を味わっていたりする姿が見られました。

3.3　「学習方法についての振り返り」シートの作成と実践
3.3.1　シートの作成

　生徒が自分の学習方法に意識的になることを期待して，授業中に取り組んだ活動や家庭学習の課題について以下の項目を設定しました。学習方法として自分に「a) あっている」「b) どちらかというとあっている」「c) どちらかというとあっていない」「d) あっていない」の4択から1つを選んで回答し，その理由，どのような点であっていたのか，またはあっていなかったのかについても自由記述で回答させました。

3.3.2　実施方法と生徒の反応

　3.1.2で述べた Can-Do リストを記入するどこかのタイミングで年に1回程度実施しました。生徒たちは各活動や課題について，比較的率直に記述していました。ほとんどの活動に「自分のためになる」という認識で取り組んでいる生徒が多かったものの，難易度の高い活動については諦めてしまっていたり，また活動によっては「目的がわからない」などの回答が見られたりしました。そういった回答を受け，その後の授業で，取り組み方や活動の目的や意味について分かりやすく解説することで，意識が変わり，納得して取り組めるようになった生徒もいました。

3.4　「Unit ごとの振り返りシート」の作成と実践
3.4.1　シートの作成

　MLM を参考に本校で使用している検定教科書 *NEW HORIZON English*

Course の教材に沿って，Unit ごとに作成しました（次ページ図２）。上段には各 Unit でターゲットとなる言語材料や扱う題材をもとに，達成目標をいくつか提示し，Unit が終わった段階でどれだけ達成されているか，自己評価の欄に記入します。また，当該の Unit を学習して気づいたことや考えたこと，感じたことを２年生の時は３文以上の英語で，３年生では５文以上の英語でそれぞれ記入し，学習したことを自分なりに整理します。その際，簡単な英語でもよいから表現してみることを目標としました。２年生から３年生に学年が上がると，記述する英語の量や，また題材内容に踏み込んだコメントを書くようになっていきました。

3.4.2　実施方法と生徒の反応

　新たな単元に入る時にシートを配布し，学習目標を確認することで，これから何を学ぶのか，また何をできるようにするのかが明確になりました。さらに，達成目標として挙げられた項目を自己評価することで，具体的に自分の学習を確認でき，その他日本語または英語での自由記述の項目があるため，英語の言語材料はもちろんのこと，教科書や教材で扱われている題材についても考える機会となっていたようです。

4.「自分の木」の項目について

　前述の「英語学習に関する振り返りシート」「Can-Do リスト」「Unit ごとの振り返りシート」などの教材を提出させた後，確認し，返却後はその都度ファイルに保管させましたが，２年生の途中から卒業の時期まで使用する教材として「自分の木」という教材を活用しました。こちらも前述の MLM にある教材を中学生にあわせて用意したものです。

　自分を１本の大きな木にたとえ，シートに描かれている１本の大きな木の幹から３本に枝分かれした「将来について」「一般的な人間として」「英語学習について」というそれぞれの枝からさらに分かれた小枝に各項目の目標や夢を書き出し，書いた日付も書き加えます。一方幹の下から地中に伸びている根には，その目標や夢を達成するためにしなければならないことを書き出します。その他，今後それらに取り組んでいくにあたり不安なことなども書き足していきます。自分が目指す方向や目標，夢に向かって進んでいくために取り組まなければならないこと，それに対して障害となることや不安などを生徒たち自身が可視化することができました。また，「自分の将来」「一人

Unit 6　Striving for a Better World	
3年（　　）組（　　）番　氏名（　　　　　　　　）	
文法事項：　名詞を修飾する文、関係代名詞	
自己評価の判断基準：　★★★「ふつうにできる」　★★☆「何とかできる」 ★☆☆「今は難しいからこれからがんばる」	
達成目標（内容理解、言語材料、言語活動）	自己評価
ある人物についての発表を聞き、概要や要点を聞き取ることができる。	☆☆☆
ある人物に関するインターネットの記事を読み、その内容を理解することができる。	☆☆☆
人について詳しい情報を加えて説明することができる。	☆☆☆
ものについて詳しい情報を加えて説明することができる。	☆☆☆
詳しい情報を加えながら、人やものについて、たずねたり伝えたりすることができる。	☆☆☆
英語表現（文法など）、題材、自分の学習などについて気づいたことを書きましょう。	
この単元で考えたこと、感じたことを自由に5文以上の英語で書きましょう。	

図2　Unit ごとの振り返りシート

の人間としての成長」「英語学習」という3方向から自分を見つめる教材なので，英語学習という枠を超えて「自分が将来どう生きるか」について考える機会となっていました（図3）。

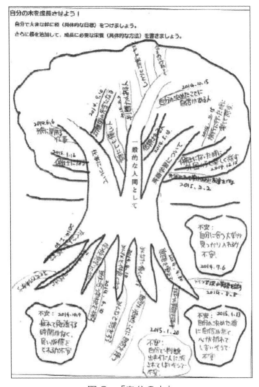

図3 「自分の木」

5．実践の成果と今後の課題

5.1 ポートフォリオ導入の成果と課題

5.1.1 課題の解決

　振り返りのシートをファイルにとじて保管するため，生徒たちの学びの跡がその中に残されていくので，入学以降に記入したポートフォリオのワークシートを継続的に振り返ることができるようになりました。生徒たちにとって学習したこと，学習状況の記録が連続的なものになり，ポートフォリオ導

入前の「学習の振り返りの継続性が保たれない」「『英語学習ダイアリー』は1ヶ月完結で足跡が辿りづらい」という課題を解決することができました。これまで単発的に実施してきた学習の振り返り活動を，自律的な学習の育成という観点から総合的な取り組みとしてまとめることができたと思います。

5.1.2　今後の課題

　中学生は各学年で発達段階の違いが大きく，学習の自己評価でもそれを意識する必要があります。中学2年生以上になると，生徒たちはある程度「Unit ごとの振り返りシート」に自由記述で書くことができるようになりますが，中学1年生用のシートでは「英語表現（文法など），題材，自分の学習などについて気づいたこと」「単元の本文を読んで，また『基礎英語』の放送を聞いて，印象に残ったことなど」の項目を設定して記述させる形にしました。しかし，教科書教材で扱われる題材が1年生の中盤くらいまでは中学2・3年生の内容に比べ深みがなかったため，学習活動と共に振り返りシートで生徒に記述させる内容や質問のしかたなども再検討する必要があります。

5.2　J-POSTL 記述文の効果と課題
5.2.1　記述文の効果

　以下，課題とした記述文に基づいて本実践を振り返ります。

・学習者が自分の知識や能力を振り返るために役立つような様々な活動を設定できる。[J-VI-A-4]

　ポートフォリオの「Can-Do リスト」等の項目を通し，「英語を使って一定の活動ができるか」ということを定期的に確認させました。できるようになったことや自分が使える言語材料が増えていることもわかり，学年が進んで英語で表現できる範囲も広がっていることを生徒たちは実感していました。

・学習者が自分の学習過程や学習成果を自己評価できるように支援できる。[J-VI-A-2]

　教科書の Unit に充てた短いスパンでは「Unit ごとの振り返りシート」を，学期，年度など長い期間においては「Can-Do リスト」を活用し，各 Unit での単元が英語の技能に結びついていることを確認することで，英語の学びの

深まりが見られたと思います。

・学習者にポートフォリオを利用した学習に取り組ませるための具体的な目標や目的を設定できる。[J-Ⅵ-D-1]
・学習者にポートフォリオを利用した学習に取り組ませるための指導計画を立案できる。[J-Ⅵ-D-2]
・学習者にポートフォリオを適切に使えるように指導し，建設的なフィードバックを与えることができる。[J-Ⅵ-D-3]

　上記の3つの記述文に関しては，学習ポートフォリオという支援ツールを活用することで，生徒のニーズを考慮した指導計画の作成に役立てる事ができました。また，ポートフォリオの生徒の記述にフィードバックを与えることで，これまで以上に生徒の学習の状況を把握することが可能になり，適確なアドバイスを与えることができるようになりました。

5.2.2　今後の課題

　自律的な学習者を育成することは，やはりそれぞれに適した学び方を学ぶことができるようにすることだと思います。その支援ツールとして学習ポートフォリオを活用することはとても有効だと思います。ただ，個々の生徒が有意義な振り返りを行うには，授業としてそれに見合った豊かな学習活動を設定する必要があります。例えば，J-POSTL に「**学習者が自分の知識や能力を振り返るために役立つような様々な活動を設定できる**」[J-Ⅵ-A- 4] という記述文がありますが，教科書の題材を活用して充実した学習活動を行うには，教師の創造性が必要となります。今後もその課題を意識して，より有効な振り返りにつながる豊かな授業へと改善を進めたいと思います。

4. まとめと教育的示唆

清田洋一

▌1. はじめに

　J-POSTLの「Ⅵ自立学習」の分野は，「学習者の自律」「宿題」「プロジェクト学習」「ポートフォリオ学習」「ウェブ上での学習環境」「特別活動」という6つの領域で構成されています。本章の実践では，宿題，プロジェクト，ポートフォリオという3つの領域で，学習者の自立を支援する活動を紹介しています。領域は異なりますが，本章の実践の特徴として，いずれの実践者も「学習者の自律」の領域から記述文を選んで授業改善の目標として設定しています。つまり，それぞれの活動を実践するには，自律的な学習者の育成が基本要素であることを示唆しています。この点からも分かるように，各実践を紹介する前提として，「自立」と「自律」という用語の違いを理解することが重要なので，まず確認しておきたいと思います。

　英語では前者はindependence，後者はautonomyで異なることが一見してわかります。また，J-POSTLで「自立学習」の中に「学習者の自律」を位置付けている通り，自立が自律の上位概念であることもわかります。自律的な学習（autonomous learning）は，学習者が主体となる高度なレベルでの自立学習と考えられます。自律的な学習においては，自らの学習に全責任を持つことになります（Komorowska, 2012：p.54）。自立学習をこのレベルまで到達させるのは容易ではありませんが，言語学習においてはそれを目指すことが重要となります。

　J-POSTLの「学習者の自律」の領域では，自律的な能力を育成するための6つの記述文があります。これらの記述文を読むと，学習指導要領で述べられている「主体的な学び」の育成と極めて親和的であることがわかります。学習指導要領では，「主体的な学び」を，生涯にわたって外国語習得に取り組む態度であると明記しています。これは『ヨーロッパ言語共通参照枠（CEFR）』の理念の一つである生涯学習に通じるものです。生涯学習では自律的学習が前提となり，CEFRでは「学び方を身に付ける（learning to learn）」と言い換えています。従って本章における「自立学習」のポイントは，

どのようにして自分に適した学び方を身に付けさせるか，ということになります。

　以上のことを前提に，本章で扱った3つの事例をまとめ，その教育的な示唆を探ってみます。

▌2．各節の授業改善におけるポイント

2.1　「1．生徒自身による宿題設定で育む学びの設計力」

　本章第1節は高校生を対象とした授業における実践例です。「宿題」というテーマで授業改善を行ったことが特徴となっています。実践校は音楽科の高校で，留学を視野に入れた学習を目指す生徒から英語に全く興味を示さない生徒まで在籍し，英語学習の意欲や能力にも幅があります。このような生徒の英語学習を効果的に指導する際には，それぞれの適性やニーズに沿った学習となることが重要となります。そこで実践者は「自主的な宿題」をテーマにして，自立的な学習者の育成の取り組みを行っています。本実践では以下のJ-POSTLの記述文をテーマとして取り組んでいます。

・学習者が自分で目標や学習計画を立てる手助けや指導ができる。[J-Ⅵ-A-3]
・学習者が自分の学習ストラテジーや学習スキルを向上させるのに役立つような様々な活動を設定できる。[J-Ⅵ-A-6]
・学習者が自主的に宿題を進めるのに必要な支援を行ない，学習時間の管理の手助けができる。[J-Ⅵ-B-2]
・学習者の意見を取り入れて，宿題の内容，種類，量などを決定できる。[J-Ⅵ-B-4]

　本実践では上記の内，特に「宿題」を中心的なテーマとして取り組んでいることが特徴となっています。記述文の「**学習者が自分で目標や学習計画を立てる手助けや指導ができる**」[J-Ⅵ-A-3]や「**学習者が自分の学習ストラテジーや学習スキルを向上させるのに役立つような様々な活動を設定できる**」[J-Ⅵ-A-6]は，自律的な学習に基本的な要素ですが，それを支援する方法として，自主的な宿題という考え方を導入しています。

　宿題という学習活動は，授業の補助的な学習として教師が主導して一律の課題を与えるという考えが一般的ですが，本実践における「**学習者の意見を取り入れて，宿題の内容，種類，量などを決定できる**」[J-Ⅵ-B-4]という

考え方は，宿題という学習活動を生徒自身が主体的に行うことで，生徒の学習の設計力を高める可能性があることを示唆してくれます。

　本実践の具体的な内容として，「マンダラート」「宿題票」「自主学習ノート」の３つが中心的な学習活動となっています。それらを通じて生徒自らが目標を決定し，それに沿って学習計画を立てながら宿題を行い，自分の学びのプロセスを自己管理できるようになることを目指しています。

　最初の「マンダラート」は，長期的な目標について考えることを促すため，学習者の思考を整理し発想するためのツールです。マインドマップ的な要素があり，生徒は自分の学習の適性やニーズを総合的に考えることができます。次の「宿題票」は具体的な学習内容につながるシートです。学期の目標，宿題の内容，宿題の達成度，学期の反省を記入し，生徒が宿題の設計図を作成し，振り返りを行うツールとなります。最後の「自主学習ノート」は生徒が実際に行った宿題の成果物となっています。

　この取り組みでは，宿題という授業外の学びに着目して，学習者自身が自分に必要な学びを設計する活動を通じて，課題であった学習動機のバラツキや英語力の幅などを克服できる可能性を示しています。

2.2　「2．知識構成型ジグソー法を活用したプロジェクト型学習」

　もう一つの高校の実践例は，教科書の内容を深めるプロジェクト型学習の取り組みです。この学校の課題は前述の学校と同様に，英語学習に対する生徒の意識の多様性です。特に英語の基礎学力が低く，苦手意識を持っている生徒への対応が課題となっていました。その対応方法として，単に授業内容を簡単にするのではなく，「プロジェクト型学習」という取り組みを通して，学習者自身の学びを深めることで英語学習への意識を高めようとする点に本実践の特徴があります。

　この実践ではプロジェクト型学習が中心的な活動となるので，この用語について簡単に解説をしておきましょう。プロジェクト型の学習は，前提として解決すべき課題があり，その基本的な流れは以下の通りとなります。「課題の把握」→「プロジェクトの計画」→「協働学習的取り組み」→「課題の解決への提案」→「成果の確認」。基本的に，プロジェクト型の学習は，学習活動の目標として課題を設定し，グループ形式でその課題に沿って，自主的に創意工夫をして取り組むことで学習プロセスが明確になります。英語のプロジェクト型の学習では，課題の取り組みを目標言語である英語で行うこ

とになります。本実践では「知識構成型ジグソー法」という方法を用いてプロジェクト型の学習を行っています。

　本実践では以下の J-POSTL の記述文をテーマとして取り組んでいます。

・学習者が各自のニーズや興味・関心に合ったタスクや活動を選択するように支援できる。[J-Ⅵ-A-1]
・学習者が自分の学習過程や学習スタイルを認識し振り返るために役立つ様々な活動を設定できる。[J-Ⅵ-A-5]
・ねらいや目的に応じてプロジェクト学習を計画し実施できる。[J-Ⅵ-C-3]

　「学習者が各自のニーズや興味・関心に合ったタスクや活動を選択するように支援できる」[J-Ⅵ-A-1] という記述は，学習者が自身の適性を考える上で重要な考えを示しています。しかし，教科書の英文を表面的に理解するような授業では，このような支援にはつながりません。本実践では，英語を継続的に学習することを苦手としている生徒が多い状況で，「知識構成型ジグソー法」を活用して，教科書の単元で学んだことをさらに深めることを目指しています。例えば，「友人から進路について相談されたらどの受験方法を勧めるか」という生徒の身近な事象に落とし込んで興味を持たせる工夫を行っています。一般的な教材である教科書を活用して自立した学習者を育てるヒントになっているので，これからプロジェクト型の活動に挑戦してみようと考えている先生方の参考になるでしょう。

2.3　「3. 学習ポートフォリオを活用した実践」

　最後は，中学の授業にポートフォリオを活用した授業実践となっています。ポートフォリオに自分の学習を記録し振り返る機会を持つことで，学習者の自立性の育成を目指しています。学習ポートフォリオという用語はまだ一般的ではないので，本実践を理解するために，その概要を解説します。

　言語学習に関する学習ポートフォリオで最も有名なものは，「ヨーロッパ言語ポートフォリオ（European Language Portfolio）」（以下 ELP）でしょう。ELP は CEFR の言語学習における自律的な学習者の育成という考えを実現するために，欧州評議会が学習者の個人的なツールとして考案したもので，その目的は以下の 2 点です。

・学習者の自律性，複言語主義，異文化理解への意識と能力向上を支援す
　ること
・学習者が自分の学習を省察し，より充実した学習を行うために，その言
　語学習における達成度とその学習体験を記録すること

　また，CEFRには，ELPの機能について次のように記述されています。「ELP
を使えば，広い意味での言語のあらゆる種類の学習体験を自己報告すること
で，学習者の複言語的な能力発達の道程を記録にとどめることができる」。
　この記述から，言語学習ポートフォリオの基本的な要素が「学習体験を自
己報告すること」，および「能力発達の道程を記録にとどめること」である
のがわかります。自己報告とは，学習者自身が自分の学習体験を振り返り，
考察することを示しています。また，「能力発達の道程」とは，結果だけで
なく，そのプロセスを重視していることを示しています。
　本実践は，以下のJ-POSTLの記述文をテーマとして取り組んでいます。

・学習者が自分の知識や能力を振り返るために役立つような様々な活動を設
　定できる。[J-Ⅵ-A-4]
・学習者が自分の学習過程や学習成果を自己評価できるように支援できる。
　[J-Ⅵ-A-2]
・学習者にポートフォリオを利用した学習に取り組ませるための具体的な目
　標や目的を設定できる。[J-Ⅵ-D-1]
・学習者にポートフォリオを利用した学習に取り組ませるための指導計画を
　立案できる。[J-Ⅵ-D-2]
・学習者にポートフォリオを適切に使えるように指導し，建設的なフィード
　バックを与えることができる。[J-Ⅵ-D-3]

　この実践の特徴は，記述文の**「学習者が自分の知識や能力を振り返るため
に役立つような様々な活動を設定できる」[J-Ⅵ-A-4]** に示されているよう
に，学習者自身が自分の学びを振り返り，評価する点にあります。本実践で
は，教科書の教材に沿ってUnitごとに学習の目標をCan-Doの形式で作成し，
Unitが終わった段階で各目標がどれだけ達成されているか，自己評価を行
います。その他，当該のUnitを学習して気づいたことを日本語で，考えた
こと，感じたことを2年生の時は3文以上の英語で，3年生では5文以上の

英語でそれぞれ記入し，学習したことを自分なりに整理する手順となっています。上記の記述文から得た示唆を基に，日常の学習活動と効果的に連携して，生徒に対して継続的に，また具体的に振り返る機会を与える活動となっています。

▌3.　事例から得られる示唆

日々の忙しい校務の中では，ともすれば教科書の単元を機械的に消化するかたちの授業になりがちです。しかし，生徒はいずれ学校を離れ，社会を形成する一員となります。その際にグローバル化が進んだ現代社会では，自立した個人として必要な外国語の学びに向き合うことになります。学校現場ではこのような状況を意識した外国語の学びとして生徒の英語学習を支援する必要があります。本章の実践では，自主的宿題，プロジェクト型学習，ポートフォリオという自立学習を支援する活動を紹介しています。これらはいずれも生徒の実態を良く配慮し，日常の授業の延長として無理のない形で取り組まれています。

まず，最初に紹介した高校での取り組みでは，生徒自身が自分の興味・関心やニーズを踏まえて自主的に宿題を設計する取り組みを紹介しました。宿題という学習はともすれば，「授業での足りない学習を補う」という観点で実施されているように思えますが，本実践では逆転の発想として，生徒自身が自分に必要な学びを設計する機会として取り組まれています。これは，近年注目されている「反転学習」にもつながる発想かもしれません。反転学習とは，知識や情報は学校で教わる前にウェブなどを活用して学習を行い，学校の現場では逆に宿題を行ったり，関連の知識を取得していることを前提として，より知識を深める議論や活動を行う学習です。本実践の宿題の活動も従来の一斉授業の形にとらわれない多様な学習方法の一つとして示唆を与えてくれます。

2つめの実践として紹介したプロジェクト型学習という方法は，教科書を通じた一律の知識の習得に限定せず，何らかの具体的な課題を設定しています。そして，その課題を解決する方向で学びを深めるという現実的なタスクが伴う学習方法です。その意味で，学習者は課題解決をめざす活動の複数の段階で，体験的に自分の学習の価値や意味を確認することができます。また，学習の方法や評価が可視化できることからポートフォリオ学習と組み合わせることも学びを深める効果的な方法となります。

　ポートフォリオ学習に関する記述文では学習の成果を自己評価したり，ク
ラスメートと互いに評価しあう活動が重要な要素となっていることが示され
ています。これらの示唆を発展的に活用して，自分の担当するクラスで「自
立学習」というテーマで具体的に学習活動を考えることができるでしょう。
特に，学習ポートフォリオは英語学習のみならず，様々な学習における自立
した学びを深める支援ツールとしての可能性は大きいと言えます。

　言語学習は学習者が自分の成長を時間をかけて振り返りながら，自分に適
した「学び方を身につける」ことを目指して取り組む必要があります。しか
し，日本の学校教育においては，じっくり時間をかけて学習を振り返る活動
自体があまり取り入れられていません。このような現状で，本実践のような
振り返りの活動を通して，生徒が日常の英語学習が長期的には自分の生涯学
習につながることに気づく機会を提供することは意義のあることでしょう。

　本実践で紹介したように，J-POSTL の記述文をヒントに，自立学習につな
がる学びを支援することが可能です。その際に，各学校の学習環境に合わせ
て，ワークシートなどの適切な教材を開発したり，既存のツールを利用した
りすることが重要となります。自立学習について，これまで取り組み方がわ
からないと敬遠されてきた先生方も，本章の実践を参考に，ぜひ担当する生
徒たちの主体的な学習を支援する取り組みを行っていただきたいと思います。

第3章
評価法を見直す

1. 協同学習から相互評価へ——クラス環境および教室内の学力差の改善［中学］

赤井晴子

生徒数が1学年130名程度の市立中学校における「授業が成り立ちにくいクラス」に対し，協同学習や生徒同士の相互評価を導入した授業改善を試みました。協同学習では座席を工夫するなどで成果を上げ，相互評価によって，他者を認める心が養われると同時に自己肯定感が向上するという効果がありました。他者理解と自尊心は授業自体を成立させるために必要であり，外国語学習の最大の目的の1つでもある多文化理解を促すことにも通じます。本稿では，生徒がどのように変化していったか，また，そのために教師はどのような役割を果たしたかについて，中学3年生での授業改善に焦点をあて紹介します。

〈キーワード〉クラス環境の整備，相互評価，自己肯定感の向上

1. 背景

1.1 勤務校の環境

　勤務校は，小学校1校と中学校1校という学区にあり，同じ小学校の卒業生がほぼすべて同じ中学校に進学しています。いわゆる中1ギャップがない代わりに，小学校での人間関係のつまずきがそのまま中学生活に持ち越されてしまうという問題を抱えていました。この学区は新興住宅地として急激に人口が流入した地域であり，地域の特徴として隣人同士の繋がりが希薄であるという点があげられます。学校教育においてもこうした地域の影響があるのか，今回授業改善を試みた対象の学年は小学校の時に複数回にわたって

学級崩壊を起こしています。人間関係の不調和は教科教育にも大きく影響を及ぼし，特定の生徒同士がペアを組むことを拒否する，失敗した生徒を集団でからかうなどの行為が日常的に見られました。このような心ない言葉の暴力や態度は，それを受けた生徒の自尊心の低下や劣等感に結びつきます。自分が傷つかないように他人を攻撃する，他人の行動を妨害する，もしくは攻撃を避けるために積極的に他人と関わらないようにする，といった生徒の行動が目立ちました。「落ち着いた学習」が望める環境とは言い難く，まずは円滑な授業の遂行を可能にするために，クラス環境を整えることを目標としました。対象生徒は，中1から3年間持ちあがりで担当した2015年度入学の生徒133名（男子76名，女子57名）です。

1.2　授業形態

　当時の勤務校は前期・後期の2学期制で（現在は3学期制），週4時間の英語の授業は各教室で行いました。2時間は外国人ALTとのティームティーチング（以下TT），もう1時間は他学年の日本人英語教員とのTT，残りの1時間は実践者の単独授業です。ALTは毎年交代し，1年次はフィリピン人女性，2年次，3年次はそれぞれアメリカ人男性でした。教科書は*Sunshine English Course1, 2, 3*（開隆堂）を使用しています。

1.3　実践者について

　学生時代，英語は苦手でしたが，成人してから海外の英国系英語教育機関で再び学び直し，指導者となりました。幼児・児童英語教育から小学校英語教育の現場を経て，後に中学校に異動しました。小中連携が研究テーマで，中学校で教鞭をとりながら，小学校5・6年の外国語活動も支援し，学級担任，ALTと共に指導に当たっています。

1.4　中学1年生・2年生の授業の取り組み

　中学1・2年生の時には，授業中もおしゃべりを続ける，立ち歩く，クラスメイトや教員に対して「うざい」「消えろ」などの暴言を吐く等々，いわゆる問題行動や授業妨害を起こす生徒がたくさんいました。あまりのうるさに，途中で授業を止め，道徳的指導や語学学習の意義などを考えさせることもしばしばありました。この頃は，授業を成り立たせることが第一の目標でした。授業は人間関係を配慮した席順にし，ソーシャルスキルを学ぶ学び

合い学習を軸に，ペアワークやグループワークを多用した協同学習を試みました。しかし，このように問題を抱えるクラスでは，そもそも「学び合う」ための環境自体が整っておらず，協同学習の取り組みそのものが非常に困難でした。

1.4.1 席順の工夫

協同学習を成り立たせるために，まずは生徒たちの人間関係に配慮した適切な学習空間を作ることが必須でした。そのために，男女混合市松模様のコの字型の全体席（図1，白が男子，灰色が女子）と人と話し易い角度である45度のT字型に机を配した4人班席（図2）を「英語の時間の席」として設定しました。これらの席順はすべて教師が決めました。他教科の授業は男子列・女子列で行われているため，男女混合席にするとお互いある程度の遠慮が生まれます。特に問題のある男子は周りを落ち着いた女子で囲むように固め，問題発言や行動を抑制するという効果を期待しました。これら人間関係に加え，英語の学力・発言力・積極性等を考慮し，生徒をタイプ1（英語運用力高＋積極的・協力的），タイプ2（英語運用力高＋受け身），タイプ3（英語運用力低＋受け身），タイプ4（英語運用力低＋積極的・協力的）の4つのタイプに分け，活動が可能になるようにも配慮しました。また，生徒主体の授業であるということを物理的に示すために，教卓は脇に置き，教員と生徒の間の境界線を無くしました。教師は生徒席により近くなったため，一斉授業では今まで聞き逃していた生徒のつぶやきを拾い易くなりました。

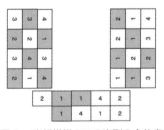
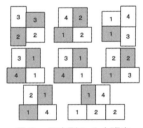

図1　市松模様のコの字型の全体席　　図2　T字型の4人班席

1.4.2　教科書の扱い

英語嫌いになる要因の1つとして，そもそも教科書の英文が読めないことがあげられます。使用教科書 *Sunshine* は各課（Program）が3つのパート

に分かれていますが，それをまとまった 1 つの話として 3 つのパートの間を行ったり来たりして学習させました。耳からの情報収集力を鍛えるために，授業の始めは教科書を閉じさせ，付属の朗読 CD を聞かせます。何度か聞かせた内容を推測させたり，キーワードを聞き取らせたりした後，ペア・班・クラス全体で情報を共有し，内容がある程度わかるようにしてから初めて教科書を開かせます。音声が耳に残っている状態で教科書の読みに入るのがポイントです。一語読み，リピート読み，ぐるぐる読み（班で 1 人 1 文ずつ輪読），ペア読みなど，形態を変えて何度も繰り返し教科書を音読させました。また，家で保護者の前で教科書を音読しコメントをもらうという宿題も出しました。

1.5　2 年間の授業を振り返って

　協同学習を行う上で懸念事項であったペア活動が行えるようになるなど，ある程度の学習環境が整ってきました。生徒の交友関係を踏まえた席順にしたことで，新たな人間関係が形成され，相互に教え合う環境が生まれました。理解できないことを「わからない」と声に出して言うことが許される雰囲気が徐々に生まれ，生徒のつまずきを教師がその場で気づいて対応できるようになりました。音読の宿題は，保護者に努力や向上心を認められることによる自信をもたらし，もっと英語らしい発音で流暢に読めるようになりたいと生徒自らが望むようになってきました。教科書を何度も進んだり戻ったりしましたが，数回目にしてやっと理解できたとうれしそうに報告してくれる生徒もいて，繰り返し学習の効果はあったと思います。

▌2.　授業改善の課題と改善のための方法

2.1　課題

　中学 3 年生になり，教科書の内容も身近なものから環境問題など社会的なものが含まれるようになり，難易度が高くなったと感じる生徒が増えてきました。また，高校受験という人生初の難関を前に，「自分さえ良ければ」という意識がさらに強くなり，自己の心理的安定を得ようと，他者を軽視するような自己中心的な言動も目立ってきました。授業自体は成立するようになってきましたが，協同学習で養成されるべき「（わからないことを）お互いに尋ね合う」柔らかな人間関係が十分に育っているとは言い難く，失敗した生徒を揶揄するような嫌な雰囲気は残ったままでした。また，班での話し合

い活動を進めようとする生徒がなかなか現れないなど，実践者も焦りを感じていました。より積極的で自立した学習者の育成に向けて何らかの手立てが必要であると感じ，授業内容を検証した結果，評価に改善点を見つけました。

2.2　相互評価による自己評価力の養成と自己肯定感の向上

　授業が終わる度に，生徒の授業への参加度や感想を「英語自己評価カード（以下，評価カード）」に記入してもらっていました。これは，毎回記入することで生徒が自分の成長をある程度把握できるツールでした。学習は個人的なものに留まらず社会的なものでもあります。集団で学習を進めていくためには，そのすべての土台である個人個人が自己肯定感をしっかり持つ必要があります。英語科教育を通じて自己肯定感を少しでも上げるために，評価カードの有効な使用方法をもう一度検討してみようと考えました。そこで，J-POSTL の「評価」の記述文「**学習者がクラスメイトと互いに評価しあうことができるように支援できる**」[J-Ⅶ-C-2] に着目し，この記述文を利用した取り組みで授業を変えていこうと思いました。「相互評価」では，ペアになった生徒同士が互いに課題の取り組みを評価し合うことで，自分が思い込んでいる自己ではなく，「自分は相手からどう見られているのか」という客観的な自分について知ることができます。思った以上の評価を得ることができる存在なのだと知ることは自信につながります。この経験を重ねることで，今の自分をきちんと認めることができる自己肯定感が養成されることを目指しました。さらに，自己肯定感の育成が，「見える学力」である英語力の向上につながるのではないかと期待しました。

3．授業実践

3.1　相互評価の導入：Phase 1（2017年4月〜6月）

　そもそも，信頼関係が希薄な生徒たちにとって「他人を評価する」「他人に評価される」という行為自体を受け入れられるかどうかが問題でした。そこで，手始めに毎回提出させている評価カードに枠を1つ増やし，ペアの相手からの評価を書き入れる方法をとりました（カード名は「英語自己評価カード」のまま）。今までの評価カードと大差はなかったためか，生徒たちは違和感なく取り組みました。評価は◎，○，△，×の4段階で記入するように指示しましたが，評価規準はあえて提示せず，ペアの相手の判断に任せました。評価項目は以下の4点です。

① ベーシックダイアログのロールプレイ

　　使用教科書には，本文とは別にその課で学ぶ文法事項を取り入れた 2 往復程度の会話文がある。1・2 年の教科書で既習済みのこの会話文を，ペアで感情を込めて暗唱し，教員 2 人が確認する活動。

　　　😊 What did you do last Sunday?

　　　😑 I went to Kyoto with my friends.

　　　😊 Did you take any pictures?

　　　😑 Yes. I took a lot of pictures there.（*Sunshine 2* Program 1）

② 教科書音読

　　相手に「内容を伝える」ことを意識して，本文の音読をする活動。

③ 1 分間即興スピーチ

　　「お題」（例：“What did you do last night?”）を示し，1 人がそれに関連した話をする活動。ペアは聞き手として “Really?” “I see.” などの反応，“Did you?” “Were you?” などの聞き返し，“Oh, you studied English.” など相手の言ったことを繰り返すなど，「聞いている」という態度を明らかにする。

④ 2 分間トーク

　　「お題」（例：“Who is your favorite singer?”）を示し，ペアで協力して 2 分間やり取りをする活動。

　　これらの活動は，帯活動として授業の最初の15分間を使って毎時間行いました。6 月末に行ったアンケートでは，「良い評価をしてもらえると自信になる」「相手にアドバイスをもらって新たな発見ができた」などの前向きな意見が多くみられました。そして，「○か◎か迷うときがあった」など，相手を評価することで，責任感が生まれてきていると感じる一方で，「○や△はつけにくく，いつも◎だった」と，相手によっては気軽に評価できない生徒の複雑な心境が見えてきました。相互評価を授業に組み入れることに大きな抵抗はないようでしたが，さらなる工夫が必要であると感じました。

3.2　相互評価の変化：Phase 2（2017年 7 月〜 9 月）

　　相互評価の実践を始めて，改めて「振り返り」の重要性と有効性に気づかされました。評価カードは毎回授業開始前に英語係が配り，授業の最後にその日の授業の感想，挙手数，授業に対する参加度を記入させ回収しました。

回収後は教員が目を通しコメントを書き，次の授業で再び英語係が配るというシステムを取りました。その評価カードに評価規準を明示することで，生徒は目標をしっかり把握でき，それに向かって頑張ることができます。そこで，今回は評価規準をクラスで話し合わせ，自分たちがどのような規準をクリアすれば，なりたい自分になれるかを考えさせました。生徒から提案された規準は，英語の技術面よりも態度面での項目が多かったようです。あるクラスが作成した評価規準は以下の通りです（図３）。

［チャレンジA］

- 相手の目を見て話せていた。
- 相手の話をきちんと聞き，リアクションができていた。
- なんとか話を続けようとしていた。

［チャレンジB］

- チャレンジAのすべての項目。
- 自然な会話になっている。
- 発音やイントネーションに気をつけている。

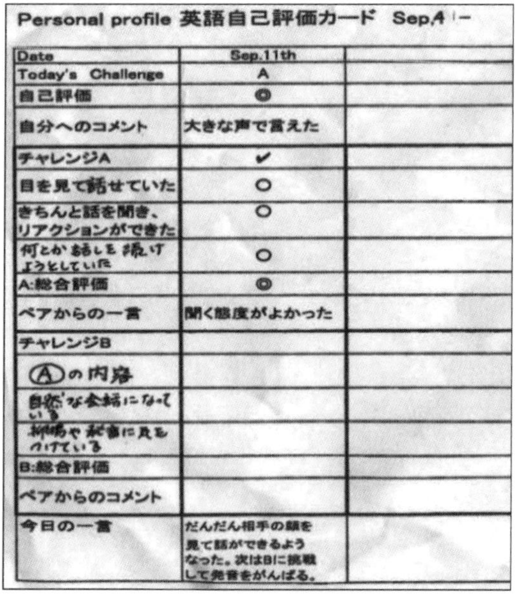

Personal profile 英語自己評価カード　Sep.4 |−

Date	Sep.11th	
Today's Challenge	A	
自己評価	◎	
自分へのコメント	大きな声で言えた	
チャレンジA	✔	
目を見て話せていた	○	
きちんと話を聞き、リアクションができた	○	
何とか話しを続けようとしていた	○	
A:総合評価	◎	
ペアからの一言	聞く態度がよかった	
チャレンジB		
Ⓐの内容		
自然な会話になっている		
抑揚や発音に気をつけている		
B:総合評価		
ペアからのコメント		
今日の一言	だんだん相手の顔を見て話ができるようなった。次はBに挑戦して発音をがんばる。	

図３　あるクラスの評価規準

　まず，生徒はその日のチャレンジをAにするかBにするか選択します。そして，3項目全てを○，△，×で評価し，さらにAの総合評価，Bの総合評価として，全てが○の場合は◎とすることとしました。

　生徒に自分たちで評価規準を話し合わせたことは，英語学習に対する自覚が生まれたという意味では有効でしたが，2段階の評価は生徒には複雑で，戸惑いが見られました。

3.3　相互評価の変化：Phase 3（2017年10月〜2018年3月）

　評価カードが煩雑すぎたことから，再度評価方法の見直しを行いました。相互評価の目的は，自己評価と他者からの評価の差を比較検討することで，自己評価力と自己肯定感の向上を図り，相互理解を深めることです。そこで，生徒たちに欠けているコミュニケーション力を育むような評価規準を設定しました。また，評価の単純化も必要であると考え，態度面を重視した以下の5項目に絞った評価カード（次ページ図4）を作成しました。

　　① 向き合ってアイコンタクトができている。
　　② 相手に聞こえる声の大きさで話している。
　　③ 4秒ルール（4秒以上沈黙しない）を守っている。
　　④ 英語の発音やイントネーションに気をつけて話している。
　　⑤ 内容が伝わるよう「文法」に注意して話している。

　① から⑤ を各2点とし，10点満点に設定しました。コミュニケーションで特に重要な① から③ の項目については，6点満点を目指すことを生徒に繰り返し伝えました。③ の4秒ルールとは，会話においてネイティブが不快に感じる沈黙が4秒であると言われていることから，なんとか会話を続ける努力をしようという意味で文言化したルールです。図の評価カードのR/W/Q/Sはそれぞれ，Reading，Writing，Question，Speakingの頭文字から取りました。Rは教科書やプリントをただ読めば良いというのではなく，読んで内容を相手に伝える活動であるという意味を持たせました。Wは「お題」をペアで話し合った後に，その内容を条件（たとえば，5文で書くというような）に従ってノートに書きます。そして，その書いた文章をペアや班で交換してチェックします。Qはお互いの話した事について質問し合う活動で，生徒の最も苦手とする活動でした。実践した回数は多くはありません。Sは「1分間スピーチ」「2分間トーク」など，即興で話す活動の総称です。

My Progress Report

Date 英語係が書いたものを写す	Contents 内容	Voluntary 挙手回数	Writing 語数	自己評価 ◎○△×	
①					
②					
③					
④					
⑤					
⑥					
⑦					

相互評価（ペアからの評価）（向き合ってアイコンタクトができている・声の大きさ・4秒ルール・

	① R/W/Q/S	② R/W/Q/S	③ R/W/Q/S	④ R/W/Q/S	⑤ R/W/Q
ペア評価 10点満点					
ペアからの アドバイス					

図４　改善版評価カード

また評価カードも，ペアの相手をよく見ることを促すため，「ペアからのアドバイス欄」を大きくして，ひと言良かった点や改善点を，活動を行った後すぐに時間をとり，記憶が鮮明なうちに書けるようにしました。

相互評価を行うために，今まで以上にペア活動を増やしました。また，マナーも重視しました。ペアで話し合う時は，「よろしくお願いします」とお互いに頭を下げさせました。これは日本式挨拶ですが，相手の方をきちんと向かないとできません。「向き合ってアイコンタクトを取るように」とうるさく言わなくても，挨拶するには自然と相手と向き合わなければならないので効果的でした。また，活動が終わったら “Thank you.” と相手にきちんと感謝の意を伝えさせました。

4. 実践結果

4.1　生徒の意識

相互評価に対して，１月にアンケート調査を行いました。調査は J-POSTL の評価と同様の方法をとりました。J-POSTL は，各項目の下に細長い矢印ブロックがあり，自らの達成度に対する意識を 5 段階（5. できる，4. まあまあできる，3. どちらともいえない，2. あまりよくできない，1. できない）で判

断し，該当する箇所を塗りつぶします。今回の調査ではあえて数字は書かず，自分が達成したと思われる箇所まで塗りつぶしてもらう方法をとりました。数字を排した理由は，数字に縛られたくなかったからです。集計の際に数値に変換しています。この結果と自由アンケート結果から，生徒は他者から評価されることを嫌がらずに受け入れていることが読み取れます。相互評価に対し，自身が評価されることについては概ね肯定的な意見を持つ生徒が多かった一方（図5），相手を評価するのが嫌だという生徒が11人いました（図6）。このことから，相手を評価することに抵抗を感じる生徒もある程度存在していたことがわかりました。

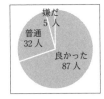

図5　自身が評価されること

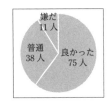

図6　相手を評価すること

　以下，相互評価に対する自由アンケート結果の一部を抜粋します。

【肯定的な意見】
・自分では気づかなかった欠点や，良いところを見つけられて良かった。
・自分が思っていたより評価が高かった。
・自分の評価と違うところがあった。他人から見ると自分はこう映るのだ，と勉強になった。
・自分では気づかないような無意識にしている部分を教えてもらえるし，お互い高めあえると思う。
・楽しかった。

【否定的な意見】
・英語力に差があると，お互いの評価基準がずれるからまともな評価ができない。
・自分と相手の評価の基準が違う。
・相手によってやり易さが変わる。
・誰に評価されるかにもよると思った。

・評価するのに気を遣って辛い。
・本当のことなんか書けないので意味がない。
・評価が甘い。

　相互評価は一応の評価規準が設定されてはいるものの，個人の見解や感じ方，または相手との関係性によって大きくその評価結果が左右されます。生徒は今まで点数による「見える評価」でランクづけされ続けてきましたが，今回の試みで従来の「見える評価」とは異なる「自分は他人から見てどう映っているのか」というメタ認知的な新たな視点からの評価を知ることができました。

4.2　実践者の意識の変化

　「授業の成り立ちにくいクラス」の環境を改善させるために，J-POSTL の**「学習者がクラスメイトと互いに評価しあうことができるように支援できる」**[J-Ⅶ-C-2] という記述文に注目し，授業での相互評価を実施しました。相互評価を行うために，今まで行ってきた授業よりもさらに多様なペア活動，班活動を取り入れなければと工夫するようになり，帯活動として「発表」や「やり取り」を多く取り入れることにしました。これは英語で話すと楽しい，頷きながら聞いてくれるとうれしいという体験を繰り返してもらいたかったからです。教科書の音読も通訳読み（一方が英語を読み，もう一方がそれを日本語に訳す），なりきり読み（登場人物になったつもりで声のトーンや語り口を工夫する）など様々な方法をとりました。また，授業時間内に3年間の総復習もしたいと考え，1，2年生の教科書を使って，本文のリテリングをさせました。班で該当ページを読んで要約文を考えた後，1人につき1文を前に出て口頭で発表してもらいました。1文としたのは，生徒の負担を極力軽くし，なるべくたくさんの生徒に人前で発表するという体験をさせたかったからです。この活動は慣れるまでは日本語で行いました。

　週3回ある TT の授業では，一緒に指導する教員や ALT の特性を考慮した授業の組み立てを考えるようになりました。その結果，**「指導教員や ALTとのティームティーチングの授業計画を立案できる」**[J-Ⅳ-C-4] でも自己評価4をつけられる実践ができました。英語教員はそれぞれ独自のスタイルを持っているので，時としてぶつかることもあります。しかし，お互いの特性をいかした授業を行うと効果も倍増すると感じました。3年生で配属され

た ALT は自分から生徒に話しかけるのが苦手というアメリカ人青年でした。そこで，日本語がある程度話せるという彼の特性を生かし，彼との授業では高校入試でも得点配分の高いライティングに重点を置くことにしました。「お題」で十分話した内容をノートに書き，それを授業内に確認して回るというものです。彼は生徒とのコミュニケーションが図れるこの活動をとても楽しみにしてくれましたし，生徒の伝えたい気持ちをくみ取ってより平易かつなめらかな文章表現を提供できるようになりました。

　この年の英作文は「英文の質問に，指示された [条件] に従い40語以上50語程度の英語で書きなさい」というものでした。

> Today AI is widely used for a lot of different purposes, such as computers and machines. Some people say that AI should be used more. What do you think about this idea?

　他の問題の分量を考えると作文に割ける時間は5分程度ですが，生徒達はきちんと自分の意見が書けたと報告してくれました。

　このように J-POSTL の1つの記述文を深く考えて実践することによって，他の記述文でも教師の成長が見られたことは特筆すべきであると考えます。

▎5. 成果

　相互評価を取り入れた授業の成果は以下の3つがあげられます。

　まず，第一にクラスが集団として協力的に授業を受けられるようになったことです。言語活動ではお互いに評価をしなければならないので，相手の話をきちんと聞く態度と適切な判断を下すための責任感が生まれました。話すときのマナー(相手の方に体を向けて目を見て話す，適当な声の大きさで話す，相手の話を聞いて相槌が打てる)はコミュニケーションを図る上での最低限の基本ですが，それができるようになりました。さらに，相手を評価するために責任感が生まれたことで，お互いを信頼する力が向上しました。わからないことを気軽に友だちに尋ねようとする生徒が増えたことは，失敗を揶揄するような，長年続いたねじれた人間関係が改善されたからこそであると考えられます。ペア活動が増えたことで，生徒の授業に対する参加度も格段に上がりました。ペア活動で話したことをライティングに繋げたことで，文法を気にして話すようになったり，音と綴りの一致などに気を遣ったりす

るようになりました。また，自分の話をきちんと聞く相手がいるということ
で，発音やイントネーションがあやふやだと相手に通じないことを身をもっ
て体験し，発音等を気にするようになる生徒が増えました。

　2つ目は学力の向上です。コミュニケーション活動に多くの時間を使った
ため，ワークブックなどを使っての文法指導などを授業中に行うことはでき
ませんでした。中学3年生ということもあり，外部テストなどで点が取れな
いのではないかと危惧していましたが，結果的に成績は安定していました。
自分は認められている，受け入れられているという自信を持つことで，発表
など人前で話すことに抵抗がなくなったと感じる生徒が増えました。これは
自己肯定感が高まったためと考えます。本実践では自己肯定感を能力として
とらえ，その伸長を様々な取り組みで図ろうとしました。その結果，学力が
伸びていったと考えても過言ではないと思います。英検を積極的に受験する
生徒も増え，3年の終わりには，学年全体の約半数近い60名が英検3級以上
（うち準2級17名）を取得しました。

　3つ目は，実践者の意識の変化でも言及しましたが，1つの記述文を実践
することで他の記述文にも対応し，授業改善に繋がったと考えられる点です。
以下の記述文で自分なりの成長を感じました。

・学習者をスピーキング活動に積極的に参加させるために，協力的な雰囲気
　を作り出し，具体的な言語使用場面を設定できる。[J-Ⅱ-A-1]
・学習者中心の活動や学習者間のインタラクションを支援できる。[J-Ⅴ-C-2]
・指導教員やALTとのティームティーチングの授業計画を立案できる。[J-
　Ⅳ-C-4]

6. 今後の課題

　本実践では「授業が成り立ちにくいクラス」で，教科指導を通して教室の
環境整備と生徒の自己肯定感の向上を図る試みを行いました。そのための手
段として評価カードによる相互評価を実践し，使用する評価カードを数回作
り直しました。しかし，その方法や選んだ目標の文言についてはさらなる改
善の余地があったと考えます。自己肯定感のように主観的な評価になり易い
力を，教科教育を通して恒常的かつより客観的な方法で評価する可能性と手
段について，今後も検討していきたいと思います。

2. 発話量を増やす授業と評価の工夫［中学］

蕨 知英

　新学習指導要領では，話すことが「発表」と「やり取り」に分けられ，教育現場ではそれらの指導と評価方法の確立が喫緊の課題となっています。実践者は区立中学校において，文法の正確さを重視しすぎた指導をしていた結果，生徒が誤りを恐れてスピーキング活動に消極的になっていたことに気づきました。そこで文法の正確さを重視した指導から発話量を増やす指導に重点を移し，その転換に伴う指導と評価の一体化の在り方を模索しました。本稿では，J-POSTLにおける「評価」の記述文を踏まえつつ，指導法と評価方法の質的な改善と，持ち上がりで担当した区立中学校の2年次の生徒の成長過程を振り返ります。

〈キーワード〉スピーキング，発話量，やり取り，パフォーマンステスト

1. 背景

1.1 勤務校の環境

　実践者の勤務校は伝統のある東京都の公立中学校で校則が厳しいことで知られており，あいさつ，身だしなみ，5分前着席などの基本的な生活習慣のきまりを徹底して指導しています。1学年5クラス規模で生徒は約500名在籍しており，前期と後期の2学期制です。ALTは月に1週間程配属されます。

　学区外から入学してくる生徒は一定数いるものの，多くは近隣の3つの小

学校出身の生徒です。小学校と中学校の接続を円滑にする目的で，連絡協議会が毎年開かれています。中学校教員が小学校の外国語活動を参観したり，出前授業を行ったりする機会があります。協議会では，小中連携のために教室英語や絵カードの共有などの具体的な取り組みについて意見交換を行います。勤務校では実用英語技能検定（英検）の全員受験を実施しており，中学1年生は5級以上，中学2年生で4級以上，中学3年生で3級以上の取得を目標にしています。希望者に二次試験の面接対策も行っています。

1.2　実践者について

1.2.1　授業改善前の指導と評価

　実践者にとって上述の勤務校が初任校で，着任時から「英語教育を変えたい」という熱い想いは持っていたものの，現場で何を変えればいいのかわからないまま悩み続ける毎日でした。最初の3年間は文法指導とパターン練習に授業時間のほとんどを費やしていました。表現活動の時間をほとんど確保できず，教科書のライティング・セクションにモデル文と単語リストが載っている時だけ実施していました。モデル文の一部をリストにある単語に置き換えさせ，発表原稿を書くように指導していました。その原稿を生徒が全員の前で読み上げて「発表」する機会が年に数回あるだけでした。

　「やり取り」に関しては，教科書のスピーキング・セクションを扱う際にペアで活動させることはあるものの，教科書本文の暗唱が漠然とした目標になっていました。本文の音読を何度もリピート練習させた後に，ペアで役割分担して本文を暗記させました。ペアごとに全文を正確に暗唱できているか確認して，覚えきれているかを評価していました。このように，教科書の暗記と機械的な練習に頼った指導および評価方法でした。

1.2.2　授業改善の転機

　転機は教員4年目に訪れます。都の海外派遣研修に参加し，オーストラリアの提携大学が提供する研修プログラムで約3か月間，英語教授法について学ぶ機会を得ました。帰国後には外部の教育関係者や地域の保護者などを招く学校公開授業が待ち受けていました。英語の授業を3年間受け持った卒業間近の3年生のクラスを担当することになり，海外研修で学んだスピーキング指導法を実践しようと意気込みました。公開授業では地図を使った道案内の活動を計画しました。

　いよいよ公開授業当日，参観者が見ている中で計画していたペアでのスピーキング活動を実施しました。ところが生徒は戸惑った表情を浮かべて，互いに顔を見合うだけで彼らの口から英語が出てくることはありませんでした。過去3年間の英語指導の結果を目の当たりにしたように感じ，愕然とし，悔しい思いをしたのをはっきりと覚えています。中学3年生になってから唐突にスピーキングの表現活動を取り入れても機能しないことを悟り，1年生から段階的にスピーキング力を伸ばしていく必要があると痛感しました。この実体験が授業改善に向けた実践研究を始める大きなきっかけとなりました。

1.3　授業改善の課題
1.3.1　目標の設定
　3年間の授業が教科書の暗記と機械的な練習に終始した原因は，授業の目標を明確に意識せずに，漫然と教科書を教え続けていたためでした。生徒たちは教科書の英文を正確に再生できても，文脈が設定されたスピーキング活動では発話できませんでした。この経験から，文法の正確さよりも発話量を伸ばすことに重点を置いた目標への転換が必要であることに気づきました。

1.3.2　評価の見直し
　スピーキングの評価は，モデル文の忠実な暗唱を重視し，評価項目は，アイコンタクト，声の大きさ，発音などの表面的な観点で構成されていました。評価基準を生徒たちに事前に示さず，ほとんど ALT に評価を任せていました。これを見直し，発話量を重視する評価に改善することにしました。

1.3.3　指導方法の変更
　上述した3年間の指導の主な問題点は，教育現場で広く取り入れられている指導法の PPP（提示・練習・表出）を，工夫せずに用いていたことが原因です。実際に多くの教科書は PPP の構成で作られており，実践者は教科書「を」教えていたため，半自動的にこの手順に従っていました。つまり，教科書単元の語彙や文法を明示的に生徒に「提示」して，間違えないように何度もパターン「練習」をさせた後に，ようやく「表出」のための言語使用活動に取り組ませていました。しかし，文法の導入とパターン練習で授業時間の大部分を使ってしまい，表現活動の時間はほとんどありませんでした。生徒の発話量を増やすために，各単元の指導計画と授業の指導手順を変更す

ることが課題となりました。そこで教科書「を」教えるのではなく，教科書「で」教えることを目指しました。

2. 授業改善の方法

2.1 実践期間とクラス及び授業構成

　公開授業後の新年度，1学年への配属が決まりました。失敗を踏まえた課題解決を目指して以下の条件で授業改善に取り組むことにしました。

実践期間と対象：1年生を持ち上がりで2年間担当

クラス構成：5クラス（1クラス35名）を7つの少人数クラスに分けた授業

指導体制：同僚の英語科教員3名，講師1名，ALT1名と実践者の計6名

授業時間数：1コマ50分間，週に4コマ

使用教科書：*New Horizon English Course 1, 2*（東京書籍）

授業の方針：発話量を増やす指導を優先し，文法の正確さは生徒のアウトプットに対するフィードバックで高めました。単元ごとに設定されたトピックについての「発表」や「やり取り」の後に，ワークシートに書き起こしをさせ，スピーキングとライティングの統合を図りました。そのアウトプットを基に，多くの生徒が共通して犯す文法的な誤りを主に取り上げて訂正を促しました。

2.2 J-POSTLと新たな評価方法・活動の導入

　1.3で示した課題を踏まえ，発話量を増やすことに目標を定めた表現活動を取り入れることにしました。それに伴い評価方法も改善する必要があります。具体的には，J-POSTLの「評価」の記述文を使って，授業での生徒の自己評価，相互評価，および定期的なパフォーマンステストの評価を計画的に取り入れることにしました。参考にした記述文は以下の3つです。

・授業の目的に応じて，筆記試験，実技試験などの評価方法を設定できる。[J-VII-A-1]
・学習者が自分の目標を立て，自分の学習活動を評価できるように支援できる。[J-VII-C-1]
・内容，使用の適切さ，正確さ，流暢さ，さらに会話を円滑に進めるためのストラテジーなどの観点から，学習者の会話能力を評価できる。[J-VII-D-2]

2.3 単元指導計画と授業での指導手順
2.3.1 単元指導計画
　教科書に出てくる文法を「先」に教えてから教科書本文の導入，という手順ではなく，図1のように文法を「後」に教える手順に変更しました。単元ごとに学校行事や教科書内容と関連したトピックを設定し，1年次は単元トピックに関連した1つの質問の答えをワークシートに書かせる Today's Questions（TQ）の活動，2年次は生徒自身に質問を1つ作らせ，その質問を口頭でペア相手に尋ねた後に答えを書かせる Question Making and Asking（QMA）の表現活動を行いました。教科書本文が長く，1回の授業で本文と文法を終わらせるのが難しい場合は，文法を単元の後半にまとめることで表現活動の時間を確保しました（⑥）。この手順のねらいは，文法を無目的に暗記させるのではなく，その使われ方について本文を参照しながら自己表現の手段として学習させることでした。

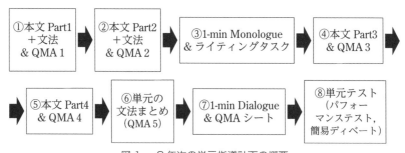

図1　2年次の単元指導計画の概要

2.3.2 授業での指導手順
　これまで PPP に従って行っていた本文を扱う授業（①，②，④，⑤）の指導手順は以下のように変更しました。
ウォームアップ：設定した単元トピックに関連する QA を行い，生徒がトピックについて自己表現できる内容を引き出す。
口頭での言語活動形式の導入：本文に入る前に文法を明示的に教えず，言語使用場面を設定したスピーキング活動を実施する。従来の文法導入後のパターン練習で使用していた教科書の絵カードを生徒に見せ，ターゲット文法を含んだ表現例を口頭で示す。ペアで絵を描写し合った後に，未習の文法規則への気づきを生徒から引き出すことに留意する。発話量を増やすた

めに，活動中に生徒が間違えた場合でも，教師は否定的な発言をしないように心がける。絵の描写がうまくできないことに気づいた生徒にとっては，活動後に設定されている文法説明を一層集中して聴く必要性が生じる。

本文の導入と学び：活動で使用したターゲット文法を含む本文中の表現に下線を引かせる。答えを一方的に教えるのではなく，生徒から答えを引き出し，その答えに辿り着いた理由や根拠を聞き出す。

文法解説：本文の学習後に文法を明示的に教える。ここでターゲット文法の規則を伝え，スローラーナーを特に意識して全員の理解度を確認する。

3.　実践内容の概要

3.1　実践研究1年目の指導および評価方法

3.1.1　協力的な雰囲気作り

　まずは生徒をスピーキング活動に積極的に参加させるための準備として，1年生の当初から協力的な雰囲気を作れる場面を設定しました。具体的には席の隣同士でペアを作り，数字を相手と交互に1から20まで英語で数えるカウントゲーム（胡子，2011）を導入しました。ペア活動中は必ず起立し，1分の制限時間内に設定した目標の数字まで言えたら2人で手を挙げて教員に知らせて座るというルールを徹底しました。授業規律の面だけではなく，ペア同士で協力しないと達成できない活動にしたため，人間関係を築くきっかけとなりました。教室中に英語が飛び交う雰囲気ができて，生徒たちは楽しそうに参加していました。ほとんどの生徒が時間内にカウントゲームの目標を達成できるようになったら，カウントダウンや倍数の要素を入れるなど，難易度を少しずつ上げていきました。

3.1.2　Today's Question（TQ）の導入

　1年生の9月頃からTQを導入し，単元ごとに設定したトピックに関連した質問文をウォームアップ時と授業最後の活動に活用しました。質問文は教師が全て予め用意しておき，生徒はその質問に答えれば良いという条件にして，難易度を高くし過ぎないようにしました。例えば，単元トピックが"My Favorite Sport"の場合は単元の1時間目にTQとして"What is your favorite sport?"と質問し，答えさせました。他には"Why do you like the sport?" "Who is your favorite athlete?"などTQを作るうえで5W1Hを意識して，各授業でバランスよく疑問詞を質問文の中に含めました。トピック内容を膨らませる

のに必要だという理由と，1年生の中盤から後半にかけて習う疑問詞に多く触れさせたかったからです。1回の授業で扱うのは1問のみのため，フィードバックを含めた合計の活動時間は5分程度で済み，授業進度に影響なくこの活動を取り入れることができました。授業の冒頭にTQを含めた教師と生徒のQAを行い，授業の最後に今度は生徒同士のペアで行わせ，生徒自身の答えをワークシートに記入させました。この活動を導入する際に参考にした記述文は「**内容，使用の適切さ，正確さ，流暢さ，さらに会話を円滑に進めるためのストラテジーなどの観点から，学習者の会話能力を評価できる**」[J-Ⅶ-D-2]です。

3.1.3 パフォーマンステストの実施

　TQを導入してから3つの単元が終わった12月頃に，単元トピックとして扱った"My Favorite Sport"，"My Favorite Subject"，"My Favorite School Lunch"を使ってパフォーマンステストを実施しました。これは「**授業の目的に応じて，筆記試験，実技試験などの評価方法を設定できる**」[J-Ⅶ-A-1]という記述文を意識したものです。生徒は1人ずつ前に出てきてサイコロを振り，その目によって決定した1つのトピックについて，クラス全員の前で30秒間話すという設定にしました。全員の前でパフォーマンスをさせた理由は，クラスメイトの発話を参考にして自分自身の表現を見直させるためです。生徒は聞きながら，使ってみたい表現をメモしていました。評価には入れませんでしたが，発話量を多くするための意識づけとして，A（8文以上），B（5から7文），C（5文以下）の3段階で聞いている生徒に評価させました。実際の評価基準は，ALTと相談して発音・表現・内容の3つの観点にすることに決めました。

　学年末には2回目のパフォーマンステストを1回目と同じ3つのトピックで実施しました。異なるテスト形式に慣れさせるために，全員の前ではなく廊下でALTと1対1で話す形式に変更しました。パフォーマンステスト後は，自分がALTに話した英語をできるだけ正確に書き起こさせ，その単語数と文の数を記入させました。このねらいは，自分の発話量とその内容を前回と比べて客観的に判断することと，自分が使った英語を文法の観点から振り返る機会を与えることにありました。書き起こしを回収した後は，発話量や内容の観点ばかりでなく，共通して見られた文法的な誤りに対するフィードバックを行いました。

3.2　実践2年目の指導および評価方法

3.2.1　Show and Tell

　1年次の最後に「1年の思い出」というトピックで，指定された枠の中に絵もしくは写真を貼らせ，その下に自由に発表原稿を書く春休みの宿題を出しておきました。2学年の新年度の授業でそれを見せながら発表させました。発表前に座らせたままペアで練習させようとしましたが，クラス替えの影響からか率先して話し出すペアがいなかったため，起立後にじゃんけんの勝者から話し始めるように促すと一斉に練習が始まりました。

　発表の評価は，6文以上で構成されていることを原則として，ALTとは発音・内容・表現の項目について評価しました。この評価項目は意図せずに，1年次の1回目のパフォーマンステストの評価と同じになってしまいました。評価項目は明確な意図を持って決めるべきだと反省しました。

　夏休みには「夏休み日記」というトピックの発表原稿を作らせ，夏休み明けに再びShow and Tellを実施しました。前回の「1年の思い出」の発話内容と比較するために，指導手順や評価項目は同様に設定しました。

3.2.2　ワードカウンターと1-min Monologueの導入

　生徒の「発表」する力をさらに向上させる目的で1-min Monologueを2年生の5月に導入しました。ペアを作り，じゃんけんに勝った方は1分の準備時間の後に単元トピックについてできるだけ多く発話をする活動です。準備にはマインドマップを活用させました。活動中はワードカウンター(西,2010：図2)を導入し，聞き手の生徒が話し手の語数を数えることができるようにしました。これは**「学習者が自分の目標を立て，自分の学習活動を評価できるように支援できる」**[J-Ⅶ-C-1]を意識したものです。このシートによって生徒同士で発語数を把握できるようになりました。聞き手は印字してある数字を指でなぞりながら語数を数えてシートに記録しました。生徒個々人に自身の発語数が前回よりも増えているかを確認させる個人内評価を重視しました。生徒はそのシートを見ると単元トピック毎の語数の増減の変遷を簡単に把握できます。

　生徒によっては単語レベルの発話や文法的な誤りをしたままで終わってしまうこともありましたが，発話量を増やすことを優先したためその場では訂正しませんでした。当初は1-min Monologueを単独で実施していましたが，文法の正確さを高めるために，2年生の6月上旬からトピックについて話し

Class ( ) No ( ) Name ( )									No	Date	Topic	WPM	
Counter												P	G
1	50	51	100	101	150	151	200		1	/			
2	49	52	99	102	149	152	199		2	/			
3	48	53	98	103	148	153	198		3	/			
4	47	54	97	104	147	154	197		4	/			
5	46	55	96	105	146	155	196		5	/			
6	45	56	95	106	145	156	195		6	/			
7	44	57	94	107	144	157	194		7	/			
8	43	58	93	108	143	158	193		8	/			
9	42	59	92	109	142	159	192		9	/			
10	41	60	91	110	141	160	191		10	/			
24	27	74	77	124	127	174	177		24	/			
25	26	75	76	125	126	175	176		25	/			

図2　ワードカウンター

たことを5分間で書き起こさせ，話すことと書くことの活動を統合しました。

3.2.3　Question Making and Asking（QMA）の導入

　1年次の TQ では教師が質問を予め用意していたため，生徒は質問に答える力はつけられるものの，質問を作成できないことが課題であることに気づきました。そこで2年生の6月下旬から TQ を発展させた QMA 活動を始めました。トピックに関連した質問を生徒自身が考えて作り，ペアになって質問し合い，相手の答えを書くという約5分の活動です。活動後は数ペアに発表させ，やり取り中の良かった点や修正点を共有しました。

3.2.4　1-min Dialogue および QMA シートの導入

　やり取りをさせながら発話量をさらに伸ばすために，単元トピックについて1分間対話を続ける"1-min Dialogue"を単元の終わりに導入しました。あいづち・同意・反対などのつなぎ言葉を用いながら，できるだけ会話の間を埋めるように指導し，4秒以上の沈黙を作らないように目標設定しました。4人組を作らせ，ペアでの対話中に聞き手である残り2人は4秒以上の沈黙回数をカウントしました。その活動中の質問と答えのやり取りや，つなぎ言

葉の使用，発話量などの観点の振り返りとして，"Question Making and Asking シート"（QMA シート）を2年生の9月から導入しました。話し手と聞き手の立場からそれぞれ4段階で自己評価する項目（胡子，2011）も設けました（図3）。その後さらに，相互評価と聞き手のコメントの記入欄を追加して活動を少しずつ発展させていきました。これにより，「**学習者が自分の目標を立て，自分の学習活動を評価できるように支援できる**」[J-Ⅶ C-1] の改善が図られたのではないかと考えられます。

Questions Making & Asking (Unit 7) My Opinion

Class (　　) No (　　) Name (　　　　　　　)

☆対話した内容の My Q（自分の質問）と Partner's A（相手の答え）を思い出して書こう！

My Q1
Partner's A1
My Q2
Partner's A2
My Q3
Partner's A3
My Q4
Partner's A4

＜つなぎ言葉・リアクション＞

＜自己評価＞　＆　＜他者評価＞
話し手と聞き手の両方の立場で，どれか一つに○をつけて自己評価をしよう！
また，ペアの相手にシートを渡して，話しての各項目に□をつけて評価をしてもらおう。

Speaker（話し手）
1．できるだけたくさんの文を言おうとした　　very good / good / so-so / not good
2．話を続けようとした　　　　　　　　　　very good / good / so-so / not good
3．話題をふくらまそうとした　　　　　　　very good / good / so-so / not good
4．つまったときにつなぐ表現を使った　　　very good / good / so-so / not good
＜ペア相手の良かったところや，改善点などのコメント＞

Listener（聞き手）
1．リアクションをした・つなぎ言葉を使った　very good / good / so-so / not good
2．相手に質問をした　　　　　　　　　　　very good / good / so-so / not good
3．アイコンタクトをした　　　　　　　　　very good / good / so-so / not good

図3　QMA シート

　生徒のアンケートからは「１年生の時より成長した」や「相手の意見を聞くことで改善点がはっきりした」という肯定的な意見が80％あった一方，「客観的に評価するのが難しかった」「気を遣い，少々過大評価になってしまった」などの否定的意見が15％見受けられました。

3.2.5　ディベートゲームの実施

　２年次の集大成として，即興で話す力と生徒自身の意見を相手に伝える力をつけさせるためにディベートの形式を取り入れた意見交換を２月に実施しました。「**内容，使用の適切さ，正確さ，流暢さ，さらに会話を円滑に進めるためのストラテジーなどの観点から，学習者の会話能力を評価できる**」[J-Ⅶ-D-2] を意識したものです。

　議題は "Which season do you like better, summer or winter?" で，クラスを半分に分けました。対戦チームと向かい合う形になるように机を中央に向けさせ，チームの代表者にじゃんけんをさせて夏側か冬側かの立場を決定しました。ディベート前半では先攻チームが１人ずつ挙手をしてチームの立場での意見を述べ，１つの理由毎に１ポイントとします。ALT はその発言を板書し，内容が重複していると判断された場合はポイントには可算しませんでした。後攻チームも同じ条件で実施します。前半終了後は５分間の作戦会議の時間を取ります。チーム全員が挙手して何かしらの発言をしていたらボーナスポイントの加算があることを伝え，目新しい理由をチームの代表者が吸い上げ，全員が発言できるように促しました。また，あらかじめ教えておいた反論の表現例を用いて，板書されている対戦相手側の意見や理由に対して反論するように伝えました。後半には自由討論の時間を５分間与え，ディベート参加者は誰でも挙手して発言して良いことにしました。その場合まだ出ていない理由を述べたら１ポイント，相手チームの意見や理由に対して反論できたら２ポイントとしました。それら全てのポイントを集計しチームの勝敗を決めました。ハードルの高さを心配したのですが，生徒が考えた理由や反論によって黒板が埋まってしまうほど白熱した授業になりました。

　この活動は初めての試みだったので，事前の準備なしに実施すると失敗した公開授業のようになってしまうと考えました。そこで，議題について意見や理由を考えさせたり，ワークシートに ALT の意見例を載せ，それに反論させたりして，事前に練習する授業を組み込みました。冬と夏が好きな理由や意見，およびその発言に対する反論を生徒から引き出し，できるだけ教師

側からの意見を押しつけないように心がけました。

4. 実践の成果と今後の課題

4.1　生徒の成長

　2年次の前期末と学年末に生徒に授業アンケートを実施しました。4段階評価の内の上位2段階を合わせた結果，英語が好きという生徒が前期末55%から学年末71%に，英語が楽しいとの回答が60%から80%に，英語を理解していると答えた生徒が61%から78%になるなど変化が表れました。2年次前期の不定詞を学ぶ単元で苦戦している生徒が多く，それが前期末のアンケート結果に反映されたのではと推察されます。しかし，スピーキングやライティングを通して，誤りが多い文法事項を何度も振り返る機会があったため，習熟度が少しずつ上がっていき，学年末のアンケート結果に結びついたと考えられます。実際に学校全体で実施された2学年の英検受検の結果を見ると，4級以上に合格した2学年全体の生徒の割合は90%以上に上りました。英検3級の合格率は72%で，さらに準2級に合格する生徒も出てきました。以前に持ち上がった生徒の4級以上の合格率が80%に届かず，3級の合格率は約2～3割だったことを考えると大きな成果と言えます。

　生徒の表現内容については，個人の体験をもとに理由や具体例を挙げて意見を伝えることができるようになっていきました（蕨，2019）。例えばある生徒は2学年最初の単元トピック "My School" の1-min Monologue で

　　I attend school name is X junior high school. Many student attend this
　　school. And many club in X junior high school. My school has school
　　lunch.（原文のママ）

と，文法の正確さに課題があり，トピックに関する情報の羅列で終わっていたのが，最後の単元トピック "My Opinion" の1-min Monologue では

　　I like a dog better. I have two reasons. First, dog is very cute. When I met
　　a dog, I thought cute. Second, I like a dog better than a cat. Therefore I
　　like a dog better. Thank you.

と，表現の幅が大きく広がり，囲み部分のようにつなぎ言葉や接続詞等を活

用することができています。これは様々な表現活動の導入により，発話と振り返りの機会が増えたためだと推察されます。

4.2　実践者の振り返り

　J-POSTL の「**計画・実行・反省の手順で，学習者や授業に関する課題を認識できる**」[J-Ⅰ-C-7] という記述文を踏まえて授業を振り返った結果，課題とした 3 つの J-POSTL 記述文の自己評価がどのように変化したのかをまとめます。

・**授業の目的に応じて，筆記試験，実技試験などの評価方法を設定できる。**
　[J-Ⅶ-A-1]
　以前はパフォーマンステストの評価を ALT に任せてしまっていましたが，実践の中での重点指導事項に応じて評価項目を実践者自らが決定できるようになっていきました。また，外部のスピーキング研修に主体的に参加し，発話量と文法の正確さは相反関係にあるため，同時に評価するのは避けるべきということを学びました。さらに，評価基準を事前に生徒に周知してパフォーマンステストを公正に実施することの重要性に気づかされました。現場と研修からの学びを統合して，授業の目的に応じた評価をすることができました。

・**学習者が自分の目標を立て，自分の学習活動を評価できるように支援できる。**[J-Ⅶ-C-1]
　以前は本文の暗唱という目標を教師側から押しつけていましたが，ワードカウンターを用いることで学習者自身が単元ごとに発語数の増減の変化を記録するようになりました。さらに QMA シートを使って，話し手と聞き手の立場での自己評価および相互評価ができるようになりました。

・**内容，使用の適切さ，正確さ，流暢さ，さらに会話を円滑に進めるためのストラテジーなどの観点から，学習者の会話能力を評価できる。**[J-Ⅶ-D-2]
　失敗に終わった公開授業では学習者のやり取りを促す工夫をほとんどしていませんでした。その反省からカウントゲーム等のペアワークを通して，協力的な雰囲気作りを心掛けました。そのクラス内での人間関係の土台を築いた上で TQ，QMA，ディベートゲームを導入しました。TQ では生徒の自己

表現の内容を引き出し，QMA では生徒同士のやり取りを円滑に進めるために質問し合わせ，ディベートゲームでは今までの表現活動の集大成として生徒の対話力を評価することができました。

4.3　今後の課題

　今回の実践では生徒がアウトプットする機会を多く設けるために，様々な表現活動の導入に工夫を施しました。教科書内容を一方的に教えるのではなく，生徒のアウトプットに基づいたフィードバックをしてきましたが，生徒のニーズを適切に拾い上げることが新たな課題として見えてきました。今後は各学年段階の生徒の共通した誤りを分析しながら，英語学習の必要性を感じさせる指導や，評価の在り方をさらに研究して改善することが必要になってきます。その実践研究のために J-POSTL 記述文を参照しながら，振り返る機会を大切にし，生徒と共に向上できる持続可能な実践を続けていきます。

3. 相互評価によるライティングの質の向上 ［高校］

山本裕也

　伝統ある私立女子中高一貫校の高校 2 年生の英語表現 II の授業において，生徒が互いの英文を添削し合う活動を導入することで，生徒同士の学び合いと振り返りを促進する支援を行いました。実践者は，これまでパラグラフ・ライティングの書き方について一斉指導を行い，生徒の書いた英文の添削のみを行っていましたが，ライティングの質に課題があると感じていました。そこで，J-POSTL の「相互評価」に関する記述文を踏まえ，新たな活動を導入した結果，生徒同士のフィードバックや教師の添削に基づいて，生徒は自身の書いた英文の振り返りと改善するための推敲を重ねるようになりました。

　〈キーワード〉ライティング，相互評価，ピアレビュー

1. 背景

1.1　勤務校の環境

　勤務校は創立110年を超える伝統ある私立女子中高一貫校で，生徒数は中高合わせて約500名です。国際社会に貢献できる自立した女性の育成をめざした教育を行っています。2015年度からは，教育改革を進めていますが，中でも英語教育には一層の力を入れており，都内でも先進的な英語教育を実践しています。クラスの人数はおよそ20〜30名程度で，きめ細かい指導を行うことが可能となっています。

1.2　実践者について

　英国バーミンガム大学で英語教授法修士課程を修了した後，現勤務校に勤めて2019年度で 3 年目です。大学院時代にコミュニカティブな指導法（Communicative Language Teaching，以下 CLT）を学んだことをきっかけに，ライティング指導に注目し，協同的な学習を導入することで学習効果を高めようと努めました。

1.3　授業改善の課題

　赴任初年度に高校 2 年生の英語表現Ⅱを受け持ちました。担当した 2 クラスは，学力下位層と上位層の差が大きく，CEFR の A1～ B1の生徒が混在していました。 1 学期当初のライティング指導では，パラグラフ・ライティングの書き方について一斉指導後，教員が生徒の英文を添削するのみで，生徒の得意，不得意によって取り組みに差がでていることが課題でした。そこで大学院の CLT の授業で学んだライティングの指導法を振り返りました。CLT の授業では教師が一方的に英文のモデルを提示したり，添削を行ったりするのではなく，教師と生徒，または生徒同士が協同して説得力のある英文を完成していたことを思い出しました。そこで，生徒自身が書いた英文を教員だけが添削するのではなく，生徒自身で内容を確認し，クラスメイトからのフィードバックを受けることで，よりライティングの質が向上するのではないかと考えました。

　今回の実践では，相互評価に基づいて英文を修正し完成するという結果報告ではなく，クラスメイトの評価やコメントを基に内省を促し，文法面と内容面の両方において質の高い英文を書き上げるというプロセスを主眼に置きました。したがって，ここでの相互評価（peer review, ピアレビュー）とは，英文の完成度を生徒同士で評価することではなく，質の高い英文を書くためのプロセスの一部として，英文の構成や文法についてお互いにフィードバックを与える活動を指しています。

2. 授業改善の目標と方法

2.1　授業改善の目標

　授業改善の目標は，「相互評価をライティング指導に取り入れることで，生徒間での学び合いを促し，質の高い英文を書き上げること」としました。そこで，J-POSTL の「教授法」と「評価」の分野から，以下の 2 つの記述文

に着目しました。

・学習者が自分で書いた文章を検討し，改善できるように支援できる。[J-Ⅱ-B-7]
・学習者がクラスメイトと互いに評価しあうことができるよう支援できる。[J-Ⅶ-C-2]

2.2 実践期間とクラス及び授業構成

実施期間：1年間

対象：高校2年生の英語表現Ⅱの担当2クラス

クラス構成：高校2年生（約100名）は，成績，文理選択の違いによってクラスが4つに分けられています。実践者が受け持った2クラス（Aクラス29名，Bクラス27名）は，私立文系志望のコースです。他の2クラスは，2人の教員が担当していますが，ライティングの指導内容は個々の教員に任されています。

授業内容：英語表現Ⅱは週3時間授業があります。教科書やライティング活動以外にも，週1時間は多読，隔週でオンライン英会話を実施しています。

使用教科書：*Vision Quest English Expression Ⅰ , Ⅱ*（啓林館）

3. 教育実践

3.1 相互評価（ペア）

3.1.1 相互評価（ペア）の方法

　1学期は，生徒が提出した英文を教員のみが添削しました。教員による添削の課題として，生徒の英語力や英語に対する関心の違いによって英文の内容や取り組みに差が見られたことが挙げられます。そのことを改善すべく，2学期には生徒がペアで英文を添削し合う活動を取り入れました。ライティングのトピックとして，1学期から実用英語技能検定（英検）で出題されたことのあるトピックに類似した問題を用いました。英検のライティングはパラグラフ・ライティングの力や文章構成力を養うのに効果的であると考えたからです。

　実践に使用したトピックの例は以下のとおりです。

These days, many kinds of robots are used in different situations. Do you

think more robots will be used in the future?
Suggested length: 60-80 words

　ライティングが中心の授業ですが，始めにスピーキング活動をすることにしました。トピックのブレインストーミングと，即興で自分の考えを表現する能力を高めることが目的でした。まずトピックに対して賛成か反対かの意見をペアで交互に1分間ずつ述べさせました。その後，再度各自がそれぞれどちらの立場を取るかを，ペアで考えさせました。その際，10〜15分かけて，賛成か反対かの意見を補完する論拠を出し合い，ペアで話し合わせました。そして，話し合った内容を文章化させることを宿題とし，次の授業で相互評価を行わせました。相互評価では前回と同じペアを組ませ，5〜7分程度で，ペアの英文を添削するという課題を与えました。しかし何も指示がないと生徒はどのように添削をすればよいか戸惑います。そこで図1のワークシート

How to review your peer's essay

Your name: _____

● Correct the essay below

Having a part-time job is a valuable experience for high school students. They can learn many things that are not usually taught in classroom. For example, they are learn work with old people. I'm the youngest person in my high school. Also earn money to use college. Money important for me. Therefore, I like a part-time job.

どの部分を訂正するべきだろうか？

図1　ワークシート1

を配布し，相互評価の前にどのような点に着目すべきかクラス全体で確認しました。文法的なミスも指摘できるように，あえて間違った文もワークシートのサンプル英文に含めました。

　このワークシートを使って，生徒は添削の仕方を学びました。ペアで添削をする前に以下の3点を再度確認しました。

1. 主張の次にサポーティングセンテンスがあるか（具体例や理由の提示）
2. 主張はわかりやすく説得力があるか（推測しないで読めるか）
3. 文法，コロケーションは適切か（スペリングや，特に主語・動詞のチェック）

　ペアで添削する時には辞書や教科書の使用を許可しました。そして添削したものを相手に返し，互いのフィードバックの内容について話し合わせました。

3.1.2　生徒の取り組みの様子（ペア）

　生徒同士で英文を添削するのは初めての経験で，最初は多くの生徒がどのように添削すればよいか戸惑っていました。その中でも，英語力がある程度同じレベルのペアや中級から上級のペアは，記述されたフィードバックについての話し合いの際に，具体的な説明を求めていました。代表的なフィードバックは以下のとおりです。

【肯定的なコメント】
　　語彙がすばらしい。／わかりやすかった。／知らない単語がたくさんあってすごいと思いました。

【ペアの英文への改善点を指摘するコメント】
　　動詞が続いているところをなおすとよいと思う。／接続詞をいれたほうがいい。／具体的に説明して！

　クラスメイトが書いた英文を添削する経験がなく戸惑った生徒も多かったのですが，慣れてくると概ね主体的に取り組んでいました。当初，多くの生徒は自分の英文を書いた後，あまり推敲せずに教員に提出していました。しかし2学期になると，教員との授業又は授業外での会話の中で，ペアでの添削があることによって見直してから提出していると述べる生徒が多く見受け

られました。このことは，自分の書いた英文を見直すよう指示を何度もしな
くても，「**学習者が自分で書いた文章を検討し，改善できるように支援でき
る**」[J-Ⅱ-B-7] ことを示しています。Dorothy & Islam（2017）は，「相互
評価は学習者が自分の英文をより客観的に見ることを促し，推敲を手助けす
る」と指摘しています。つまり生徒同士が相互評価することによって客観的
な視点を持ち，批判的思考を養うことが可能となります。

3.1.3　相互評価（ペア）の課題

　ペアで英文の添削を行うことで，以前に比べて質の高い英文を書き上げる
支援を行うことができました。一方でさらなる授業改善に向けて，以下の2
つの課題が浮かび上がりました。

課題①「フィードバックの質の低さ」：

　　「語彙がすばらしい」「わかりやすかった」など，抽象的なフィードバッ
　クが多くあり，何が，どのように良かったかなど，具体的にコメントして
　いる生徒はほとんどいませんでした。ペア同士で添削し合う前にワークシ
　ートを使ってフィードバックのコメントについて全員で確認しましたが，
　そのことが不十分であったと思われます。効果的なフィードバックを与え
　るために，教員の支援が必要であると感じました。

課題②「ペアの組み合わせによるフィードバックの量の違い」：

　　英語力が高くない生徒同士や，英語力に差があるペアなどのように，ペ
　アの組み合わせによっては，英文を基に話し合う際にフィードバックやコ
　メントが少ない場合が見られました。英語力が高くない生徒は，高い生徒
　の添削に抵抗感があり，ほとんど読むこともなく相手へ英文を返す生徒も
　いました。相互評価は生徒同士の学びを促進する効果もある一方，逆に抑
　制することもあると考えました。

3.2　課題解決へ向けた新たな相互評価（グループ）

　3学期は上述の2つの課題を改善すべく，生徒同士の相互評価の仕方を工
夫して課題に取り組ませました。課題① を改善するために，生徒同士で添
削を行う前に新たに作成したワークシート（図2）による事前指導を何度か
行うことで，ピアレビューの方法に対する認識を高めました。フィードバッ
クの方法を学ぶ機会を授業中に増やすことで，効果的なフィードバックを行
うことができるようになることが狙いでした。

● Let's try "peer review"

相互評価（ピアレビュー）とは，書いたものをクラスメイトと交換して読み合って，コメントをかわすことです。

【Purposes】
・topic sentence, supporting sentence を見つける練習になる
・相手が理解できないところがわかると，よりわかりやすい説明のしかたに気づく
・相手が評価したアイディアがわかると，何を中心に書けばよいかに気づく
※ただし相手にコメントするときは，誠実に相手を慮って伝えましょう！

Examples of Check List
A. I don't know which sentence is the topic sentence.
B. It was easy to understand your essay.
C. You used a variety of vocabulary.
D. You have some examples.

図2　ワークシート2

次に課題② を改善するために，クラス内でのレベル差や組み合わせを考慮して，より大きい単位（4人1グループ）で相互評価を行わせました。4人1グループを作る際は生徒同士のレベルが偏らないように，メンバーは教員が指定しました。グループで様々なレベルの英文を添削することで，学び合いや気づきが生まれるだけでなく，英語が苦手な生徒でもコメントをしやすい環境を整えるようにしました。またグループでの相互評価のためのワークシート（次ページ図3）も作成しました。このワークシートでは，他のクラスメイトのフィードバックも見ることができるよう，またレイアウトも工夫し英文を推敲しやすくしました。

手順は前回のペアでの取り組みと同様，1つの英文に対して5〜7分の時間を与え，生徒同士で添削を行わせました。生徒は別紙に書いた英文とワークシート3を他のグループのメンバーに渡し，評価をしてもらいました。

今回の取り組みでは，クラスメイトの英文を添削することでの振り返りや，自分が書いた英文の振り返りを新たに記述させました。その理由は，今までペアでの相互評価の時には自分の英文についてどれほど振り返りをしている

● Peer Review Form

Author's name：_____

Reviewer's name 1：_____

【Good】	【Need for change】

Any comments or Questions

Reviewer's name 2：_____

【Good】	【Need for change】

Any comments or Questions

Reviewer's name 3：_____

【Good】	【Need for change】

Any comments or Questions

●自分の気づき，反省

図3　ワークシート3

かまで，はっきりとわからなかったからです。今回は相互評価を通しての気づきを書いてもらうことで，生徒が客観的に自分の英文を振り返り，推敲する上で効果があると考えました。

3.2.2　生徒の取り組みの様子（グループ）

　ペア同士のみの添削を行った2学期と比べて，3学期は大きく分けて2点の違いが見て取れました。

　1つ目は，グループごとで生徒の英語力に多少のレベル差があったとしても，口頭でのフィードバックやコメントがより活発に行われていたことです。たとえば，ペアでの添削の時にはあまりコメントや添削をしなかった英語が苦手な生徒でも，自分と同レベルの生徒がグループにいることで，お互い辞書を使い考えながら添削をしていました。一方，上位層の生徒は書いた内容についてどのような意図で単語やフレーズを使ったか，同レベルのクラスメイトと自発的に話す場面もあり，より活発な添削活動が行われました。

　2つ目は，論理性や英文の内容に焦点を当てたフィードバックがペアでの添削より多く見て取れたことです。特に，文法ミスの指摘だけでなく，各パラグラフの内容が抽象的なものから具体的になっているかなどを確認する生徒が増えました。このことから，生徒同士の相互評価を効果的なものにするために，教員が評価の観点や方法を明示することが必要であると実感しました。グループワークでの英文に対する代表的なフィードバックのコメントは以下の通りです。

【肯定的なコメント】
　　抽象的→具体的ができている。／例がたくさん入っていてわかりやすい。／理由や理由に対しての例がしっかりとなっていてよかったです。

【ペアの英文への改善点を指摘するコメント】
　　動詞が続いているところをなおすとよいと思う。／It is because が2回使われているから違う方が良い気がする。／理由の2つ目のサポートがもう少しあるとよいかも。

3.2.3　生徒の変化

　本実践で着目したJ-POSTLの2つの記述文のうち，1つは，「**学習者が自分で書いた文章を検討し，改善できるように支援できる**」[J-Ⅱ-B-7] です。

　3学期のグループによる相互評価では，口頭でのフィードバックや，書かれ
ているコメントの量がペアでの相互評価よりも増えました。同時に，クラス
メイトの相互評価のコメントを自分の英文に取り入れ，改善する生徒も増え
てきました。これは，生徒間で添削するという心理的な抵抗が少なくなった
ことが理由の1つであると考えられます。複数のクラスメイトが英文につい
て話し合うので，意見を伝えやすい環境を作ることができました。特に英語
力が低い生徒も，グループ内で話し合いながら，意見を考えたりする姿が印
象的でした。Kubanyiova（2012）は，「理想としている自分と今の自分の差
がはっきりとわかるとき，その差を埋めるモチベーションが生まれる」と述
べています。今回の実践で言えば，相互評価を通して他のクラスメイトの英
文と自分の英文を見比べることで，相手に伝わる文や表現を書きたいと考え
る生徒が増えたのではないかと推察されます。さまざまなレベルの生徒がい
る集団の中で，生徒同士の添削活動がペアよりもグループでの方がより積極
的に行われたことは，実践者にとっても興味深いことでした。
　また，グループでの添削活動を終えたあと，活動を振り返ることで，自分
の英文を客観的に見ることができる生徒が増えました。相互評価を行うこと
で，クラスメイトの支援を行うだけでなく，自身の英文を推敲するための支
援も行うことができると思われます。以下が生徒の代表的な「自分の気づ
き・反省」です。

- 人に言われて文がごちゃごちゃだったので，何度も見直すべきだと思っ
た。
- みんな理由がしっかりしていてすごいなと思いました。自分の理由を書
くときもわかりやすくしないといけないなと思います。レベルの高い単
語も使えてすごいなと思った。
- 文法が違った。もっとたくさん語句を使えればわかりやすくなると思っ
た。
- 1パターンだけではなく，同じ意味でも2・3つは知っておくべきだと
思いました。
- 簡単な文で書けるようにする。

3.3　教師の変化
　着目したもう1つの記述文は「**学習者がクラスメイトと互いに評価しあう
ことができるよう支援できる**」[J-Ⅶ-C-2] です。

　当初，生徒同士で添削を行うことがどこまで有効か，不安が大きかったというのが本音でした。しかし，今回の実践である程度生徒に任せる部分は必要だと感じました。ペア同士で添削を行うことについて，当初生徒の戸惑いも見受けられましたが，回を重ねるごとに抵抗はなくなり，より真剣に取り組む生徒が増えました。ペアでの添削を円滑に進めるために，教師が行った支援の工夫の1点目が，ワークシートの活用と改善です。ワークシートで推敲の観点を明確にできました。また，生徒はペアやグループでの推敲に取り組んだ後に，ワークシートを基にした話し合いで新たな視点を得たり，考えを深めたりすることができました。さらに，相互評価後に各自がワークシートを見返すことで，自分の学習を振り返ることが可能となりました。

　ペアでの添削は，ある程度の成果を上げることができました。しかしながら，自分の英文を英語ができるクラスメイトに見せたくないという考えの生徒もいて，ペアという最小単位ではクラス全員の相互評価を円滑に進められなかったことが，2学期に苦慮した部分でした。その課題を改善するため，記述文に戻り，「互いに評価しあうことができる支援」とは何かについて考えた際，教師の支援の工夫の2点目として，グループ単位での添削を課すことで，お互いの英文を学力や個人差も考慮しながら評価し合える環境を作ることができました。その結果，3学期には2学期の課題を克服することができました。

4. 今後の課題

　今回の実践で，ライティング指導に相互評価の視点を入れることで，生徒間での学び合いの機会を確保し，質の高い英文を書き上げるための支援がある程度できました。J-POSTLの記述文を1つに絞り，「互いに評価しあうことができる支援」という観点を明確にすることで，支援の意味やあり方を具体的に考えることができた成果といえます。しかし，今後改善していくべき点があります。たとえばワークシート3（p.140，図3）の「自分の気づき，反省」で，「簡単な文で書けるようにする」といった内容を記述した生徒が何人かいました。英文では簡単な文だけ書けるようになれば良いというわけではありません。最終的にはパラフレーズといったスキルも身につける必要があります。そのためには生徒が再度推敲した英文を回収して，教員からの個別へのフィードバックや，クラス全体での確認が必要であると実感しました。また，教員のフィードバックの方法や生徒の相互評価の関わり方が今後

の課題として挙げられます。

　上記に挙げた課題に取り組むにあたり，下記に示すような J-POSTL の教授法の記述文の活用も考えていく予定です。

・学習者がマインドマップやアウトラインを用いて文章を書くための支援ができる。[J-Ⅱ-B-4]
・学習者がまとまりのあるパラグラフやエッセイを書くための支援ができる。[J-Ⅱ-B-5]
・ライティングの学習を支援するために，学習者同士のコメントやフィードバックを支援できる。[J-Ⅱ-B-11]

4. まとめと教育的示唆

髙木亜希子

1. はじめに

　J-POSTL「Ⅶ 評価」の分野は，教育の成果に関して，何をいつどのように評価するかという点に焦点を当てています。また，評価で得られる情報を学習者の支援と教師の指導改善のためにどのように利用するかについても扱っています。「Ⅶ 評価」の自己評価記述文（以下，記述文）の領域は，「測定法の考案」「評価」「自己評価と相互評価」「言語運用」「国際理解（文化）」「誤答分析」の6つです。

　本章で紹介したのは，6つの領域のうち，「自己評価と相互評価」を共通の視点として，教師の課題意識やクラスの状況に応じて，日々の学習指導における評価方法を改善した3つの事例報告です。全ての事例において，評価方法の改善に取り組むことで学習者の変化を観察しながら，教師が自身の指導を振り返って改善へとつなげています。また，試行錯誤しながらの改善過程が示されています。

2. 各節の授業改善におけるポイント

2.1 「1. 協同学習から相互評価へ──クラス環境および教室内の学力差の改善」

　中学校3年生を対象とした事例です。実践者は，対象者を中学1年生から3年間持ち上がりで担当しており，実践時期は中学1・2年次と中学3年次の2段階に分かれています。第1段階の中学1・2年次には，小学校の時に複数回，学級崩壊を経験したこともあり，問題行動や授業妨害を起こす生徒が多く見られました。実践者はクラス環境を整え，円滑な人間関係を育むことを第一目標として「協同学習」を取り入れました。しかしながら，協同学習の取り組み自体が困難だったため，席順の工夫を行うことで，円滑な人間関係の構築を支援し，教師と生徒の距離を縮め，個々の生徒のつまずきに細やかに対応しました。また，教科書の基礎的な内容の定着を図るため，音声のインプット量を十分に確保し，音読を重視しました。2年間の実践の結果，

学習環境は整ってきましたが，指導を振り返った結果，グループ活動でリーダーとなるような積極的で自立した学習者を育成するために，評価に改善の余地があることに気づきました。

　第2段階の中学3年次では，これまで使用してきた「評価カード」に着目し，これを改善した「評価カード」を活用することにしました。相互評価を取り入れることで他人から見た自己を知り，適正な自己評価を行って自己肯定感が向上することを目指し，以下の記述文に焦点を当てました。

・**学習者がクラスメイトと互いに評価しあうことができるように支援できる。**
　[J-Ⅶ-C-2]

　相互評価の実践は3つの時期に分けられ，第1期（4月～6月）では，帯活動で実施した4つの活動について，◎，○，△，×の4段階でペアの相手を評価させたものの，その規準は提示しませんでした。相互評価に対する責任感が育まれた一方で，交友関係を気にして適切な評価ができないという課題がでてきました。しかしながら，第1期の実践の経験から，実践者は生徒による振り返りの重要性と有効性を再確認しました。第2期（7月～9月）では，到達すべき目標を明確にするため，生徒自身が決めた評価規準にしたがって相互評価を行いましたが，評価方法が煩雑で，生徒には戸惑いが見られました。第3期（10月～3月）では，教師が相互評価の目的を明確にし，生徒に欠けているコミュニケーション力を育むため，評価規準を態度面を重視した5項目に絞ることにしました。また，相互評価を促進するため，これまで以上にペア活動を増やしました。1年間の実践の結果，各生徒の自己肯定感は向上し，協力的なクラス集団の育成と学力の向上も達成されました。

　本事例では，J-POSTLの評価の記述文に着目して実践を始めるまでに，2年間の授業改善の努力がされています。教師の課題意識に基づき，自分なりに工夫してクラス環境を整えてきたことで，次の段階の改善で必要なことが焦点化されました。第2段階では「相互評価」に焦点を当て，「評価カード」を活用しています。授業改善で重要なことは，日頃の授業の営みの中で無理のない改善方法を見出し，試行錯誤しながら改善を重ねていくことです。本事例は，1年間かけて生徒の様子を観察しながら相互評価の方法を改善し続けたことで，最終的に教師が納得のいく方法を見出した過程が示された事例といえます。

2.2 「2. 発話量を増やす授業と評価の工夫」

です。実践者は生徒の発話の正確さを重視
指導へと転換を図り，それに伴う指導と評
改善にあたり，生徒が到達すべき目標の明
法の見直し，表現活動の時間を増やすた
組みました。
以下の3つで，これらに対応して新たな評
このように，記述文を振り返りの視点とす
を具体的に考えたり整理したりすることが

，実技試験などの評価方法を設定できる。

分の学習活動を評価できるように支援でき

流暢さ，さらに会話を円滑に進めるための
学習者の会話能力を評価できる。[J-Ⅶ-D-2]

学校1年次には協力的な雰囲気づくりから
した質問に答える活動を授業の冒頭と最後
で無理なく表現活動を導入した上で，2回
ました。中学校2年次には，さらに表現能
1-min Monologue, Question Making and
動とともに，「Question Making and Asking
評価も導入しました。また再度パフォーマ
導の改善にも用いました。

　新学習指導要領では，話すことは「発表」と「やり取り」に分けられ，そ
の指導と評価の方法の確立が課題となっています。本事例は，J-POSTLの3
つの記述文に着目し，振り返りを計画・実行・反省の手順で行うことで，課
題の認識にとどまらず，授業改善につなげ，授業改善の複数のサイクルを円
滑に回した事例といえます。

2.3 「3. 相互評価によるライティングの質の向上」

　高校2年生を対象とした事例です。実践者は異なる学力の学習者が混在するライティングの授業において，生徒間の学び合いと対話的で深い学びを促すために，相互評価を取り入れました。下記に示すように「教授法」の分野からライティングに関する記述文と「評価」の分野から相互評価に関する記述文を選択しました。評価と指導の一体化を図るために，このように複数の分野から記述文を選択することも考えられます。

・**学習者が自分で書いた文章を検討し，改善できるように支援できる。**[J-Ⅱ-B-7]
・**学習者がクラスメイトと互いに評価しあうことができるよう支援できる。**[J-Ⅶ-C-2]

　実践者は1学期までは教師による添削のみを実施しており，2学期から相互評価を取り入れました。相互評価の実践は2つの時期に分けられ，第1期（2学期）で明らかになった課題を改善し，第2期（3学期）の実践に取り組んでいます。第1期では，ペアで英文を交換し3つの視点から添削した後，添削した箇所についてペアで話し合わせました。クラスメイトに添削してもらうことで，教員に提出する前に自分のエッセイを見直す生徒が増えました。しかしながら，英語力が下位のペアや上位と下位のペアでは具体的なフィードバックが行われず，ペアでの話し合いが促進されませんでした。そこで，その課題を克服するため，第2期ではペアではなくグループで添削を行いました。その結果，第1期と比べて話し合いが活性化し，文法面のみならず論理性など内容面に焦点を当てたフィードバックが増加しました。

　当初，実践者は教師がコントロールしていた学習過程の一部を生徒に任せることに不安を感じていました。しかし，生徒の様子を見て生徒に任せることへの必要性を実感しています。J-POSTL を支える理念の1つは生涯学習で，自立した学習者の育成を目指しています。3つの能力で構成されている自律的学習能力の1つは「自己の学習に責任を持つ能力」で，「学習者が自分書いた文章を検討し，改善できるように支援できる」という評価記述文にもその理念が表れています。本事例は，記述文に基づき視点を決めて行った評価と指導の改善が，生徒の自立を促す第一歩として機能した例といえます。

3. 事例から得られる示唆

　本章の３つの事例は，教師の課題意識やクラスの状況に応じて，日々の学習指導における評価方法を改善したものですが，同時に指導方法も改善されており，評価の改善が指導の改善と切り離せないことを示しています。評価の種類には，学習者がどの程度の学力を有しているか診断する診断的評価，学習者の進捗状況を確認し，適切なフィードバックを行う形成的評価，学習者の学習内容の習得や達成度を確認する総括的評価の３つがあります。この分類では，本章の事例は形成的評価に当たります。

　新学習指導要領では，教育目標や内容を「知識・技能」「思考力・判断力・表現力等」「学びに向かう力，人間性等」の資質・能力の３つの柱に基づき再整理しました。これらの資質・能力の育成を目指して「目標に準拠した評価」の実現が求められています。「目標に準拠した評価」とは，絶対評価を指し，従来同様に観点別学習状況の評価を基本にしつつ，指導と評価を一体化するために，パフォーマンステストなどを取り入れ，多面的で多角的な評価を行う必要があります。一人ひとりの学びは多様であるため，学習過程における形成的評価がより一層重要になってきます。「知識・技能」「思考・判断・表現」「主体的に学習に取り組む態度」の３つの評価の観点のうち，「知識・技能」についてはある程度方法が確立されています。しかしながら，「思考・判断・表現」の評価については，ペーパーテスト以外の発表，グループでの話し合い等の多様な活動を取り入れる必要がありますし，「主体的に学習に取り組む態度」の評価についても，「自ら学習を調整しようとする態度」と「粘り強く取り組む態度」などの側面から，自己評価・相互評価から得られる情報も考慮したいものです。

　しかしながら，どのように多面的で多角的な評価を行っていくか，どのように学習者一人ひとりの質的変化を見てとるかについては，その方法はまだ確立されておらず，各教師がそれぞれの文脈を考慮しながら模索していく必要があります。J-POSTLの理念である行動志向の言語観と生涯学習は，新学習指導要領の考え方とも合致しており，「評価」の分野の記述文に基づいた授業の振り返りは，評価方法を改善し確立するためのツールとして使えるでしょう。

　「学習指導」と「学習評価」は学校の教育活動の根幹であり，本来は学校単位で組織的かつ計画的に行う必要があります。各教師のみならず組織的に

評価方法を改善していくにあたり，J-POSTL の自己評価記述文は同僚と指導の評価のあり方に関する議論を促す役割も果たします。

　本章の事例では，「自己評価と相互評価」に着目して評価の改善が行われました。焦点化された評価の改善を行うことで，指導の見直しと改善にもつなげることができます。また，生徒の情意面の質的変化と学習成果を長期的に観察することで，新たな気づきを得ることも可能となります。課題の改善の繰り返しと積み重ねの結果，教師の指導観や教育観も徐々に変わっていくことが期待されます。第1章の事例と同様，本章の事例においても一度に多くの改善を行うのではなく，段階ごとに改善の焦点を振り返り，評価方法のさらなる改善を試みています。新学習指導要領の「主体的・対話的で深い学び」の視点から資質・能力を確実に育成する上で，評価は重要な役割を担っています。焦点を定めた上で継続的な評価の改善のサイクルを回すことで，ひいては指導の改善のサイクルも円滑に回るようになっていくでしょう。

第4章
異文化間能力を育む

1. 「異文化理解」授業の振り返り［高校］

細 喜朗

　県立国際高校における「異文化理解」の授業の実践とJ-POSTLの記述文を活用した振り返りのプロセスについて紹介します。実践校では，生徒の学習意欲も高く，授業運営も比較的スムーズに行われていたため，大きな改善点があるとは認識していませんでした。しかし，アンケート調査の中で生徒から授業の目的の曖昧さを指摘されたため，J-POSTLの記述文に基づいて授業を振り返ってみました。その結果，学習目標を具体的に設定することの重要性や，文化の異なる相手と適切にコミュニケーションをとることができるために必要な能力の育成という観点が不足していたことが明らかになりました。

〈キーワード〉授業目的の明確化，文化とことばの関係性

1. 背景

1.1　実践校の環境

　実践校は千葉県の公立高校（2学期制）であり，普通科と国際教養科の2学科が設置されています。1学年8クラス規模で，全校生徒は約1,000名ほどです。外国語指導助手（以下，ALT）が4名常駐しており，希望制の短期留学プログラムも数種類用意され，多くの生徒が参加しています。また，全校生徒対象の実用英語技能検定（英検）受検の機会を年に1度校内で設けています。生徒の英語力は英検3級程度から英検1級／TOEIC990点と幅広く，外国語や異文化理解に対する意欲は全体的に高い傾向にあります。

1.2 実践者について

　実践時，実践者は教員生活 8 年目で，国際高校・国際教養学科の必修科目として「異文化理解」の授業を担当しました。生徒たちは異文化を学ぶことに対して高い関心を示しており，意欲的に授業に取り組んでいました。生徒のさらなる興味や関心を引き出すため，海外の食文化や生活様式の違いなどの写真や映像を教室内で提示し，異文化に触れさせるようにしました。ある日，生徒による授業評価アンケートが行われました。生徒は楽しそうに日々の授業を受けていたので，授業評価結果について楽観視していました。しかし，生徒たちのアンケート結果を見て驚きました。「授業の目的が分かりづらい」「何を学んだのか分からないことがある」などの意見が散見されたからです。授業を受ける生徒の様子からは判断できませんでしたが，実は授業の目的や意図が伝わっていなかったのです。そこで，今後授業を改善するためには，まず客観的に自分の授業を振り返り，問題の所在を明らかにする必要性を感じました。そこで，これまでの授業方法や展開を具体的に辿り，振り返りのツールとして J-POSTL を利用することにしました。

2. これまでの授業実践

2.1 実践期間とクラス

授業科目：異文化理解（必修科目）

実践期間：2017年12月～2018年 1 月

学年：高校 3 年生（国際教養科）

対象クラス：2 クラス（各クラス平均20名）

時間数：50分×週 4 限

使用教材：*What A World Reading 1*（Pearson Japan）

単元：Unit 7　Who Are the Sami?

授業方針：本授業の到達目標は次の 2 点でした。(1) 異文化理解を通じて，多様な文化や価値観を理解するための力を養うこと。(2) 読む・聞くことによって得た情報を整理し，自らの考えや意見を的確に伝える表現力（書く・話す）を養うこと。授業では，プリントやビジュアルエイド（プレゼンテーションソフト）などを使用しています。1 単元に 4 限配当し，日本人英語教員（JTE）単独，または ALT とのティーム・ティーチングで授業を展開しています。

2.2　授業構成

　本実践では，スカンジナビア半島北部ラップランドに居住する先住民族，サーミ族についての内容を扱いました。以下，1～4限目までの授業案とハンドアウトを示します。

2.2.1　1限目

　JTEによるサーミ族についての背景知識を学ぶ活動とインフォメーション・ギャップ・リーディング（ペアで内容を補完し合うリーディング活動）を行います。具体的な活動内容やインフォメーション・ギャップ・リーディング活動の際に使用したワークシートは以下の通りです。

表1　1限目の授業案

時間	指導項目	活動内容	指導者
10分	Speaking	・原住民についてのクイズにペアで答える	JTE
10分	Speaking Listening	・世界の原住民についての知識を学ぶ	JTE
10分	Speaking Listening	・サーミ族についての知識を共有し，考える	JTE
20分	Reading Speaking Listening	・インフォメーション・ギャップ・リーディング活動を行う。 ・教材を読み，ペアでお互いに欠けている情報を補完し合い，トピックに関連した質問をし合う	JTE

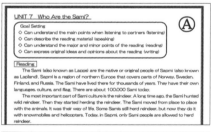

図1　リーディングシート

2.2.2　2限目

サーミ族についての補足知識を得るための異文化理解クイズを行った後，サーミ族についての自分自身の考えや疑問をアウトプットさせる活動を設けます。その活動として，ディスカッション，ライティング活動を行います。具体的な活動内容やライティング活動の際に使用したワークシートは以下の通りです。

表２　２限目の授業案

時間	指導項目	活動内容	指導者
10分	Speaking Listening	・前時に学んだ知識の確認を全体で共有する	JTE
20分	Speaking Listening	・サーミ族や世界の原住民についての異文化理解クイズに答え，異文化に対し関心を深め，全体で知識を共有する	JTE
10分	Speaking	・原住民に関する質問をペアで行う	JTE
10分	Writing	・本課で学んだことを踏まえ，自分の考えを書き，ペアで意見を共有する	JTE

UNIT 7 Who Are the Sami?

(1) We speak different languages, but would you prefer the world with ONE language? Why or why not?

____

____

____

(2) The Samis are peace-loving people and they want to feel close to nature. Would you like to see all cultures be like the Samis? Why or why not? What are some other cultures that have respect for nature?

____

____

3-　(　) Name______________

図２　ライティングシート

2.2.3　3限目

前時までに学んだことを踏まえて，ALT がパワーポイントを使用して情

報の補足を行います。また，4限目のプレゼンテーション課題に向けて，グループ毎に与えられたテーマについて準備を行います。具体的な活動内容は以下の通りです。

表3 3限目の授業案

時間	指導項目	活動内容	指導者
10分	Speaking Listening	・前時までに学んだことに関する写真や動画を見て，意見を交わし合う	ALT
25分	Speaking Listening	・ALTによるサーミ族や世界の原住民についての講義 ・前時までの追加情報や問題点に触れ，全体で知識や意見を共有し合う	ALT
15分	Speaking Listening Reading Writing	・ここまでに学んだことを基に，グループ毎（1グループ4名）にテーマを設定し，スマートフォンやタブレットを使って，次回のプレゼンテーションの準備をする	JTE & ALT

2.2.4 4限目

前時までに行った準備を基にグループプレゼンテーションを行います。プレゼンテーションのルールは以下を設定しました。

・グループメンバーは必ず全員発表（口頭発表）に参加する。
・メモなどは見ずに（前提知識の無い）聞き手でも理解しやすい英語を使用する。
・Delivery（eye-contact/gesture/posture）に気を配る。
・聞き手となる生徒は毎回のプレゼンテーション後にできるだけ質問をする。

具体的な活動内容は以下の通りです。

表4 4限目の授業案

時間	指導項目	活動内容	指導者
5分	Listening	・プレゼンテーションのルール説明	JTE
40分	Speaking Listening Writing	・グループ発表（1グループ7分） ・発表者以外の生徒はコメントシートを書く	JTE
5分	Reading Listening	・コメントシートを各グループに渡す ・JTEによる講評	JTE

3. J-POSTL 記述文によって実践を振り返る

3.1 授業の振り返りの観点

　本授業は異文化に関する理解を深めながら，バランスよく4技能を使うことに主眼が置かれていました。生徒たちは，サーミ族や世界の原住民について知識を得ることができたはずであり，実践者も異文化理解に関するそれ以上の目標設定はしていませんでした。むしろ4技能を統合的に使うことができるようになることを目標としていました。しかし結果的には，前述の通り，授業の目的や内容について生徒から疑問を呈されました。この原因は，生徒がどのような能力を伸ばせばよいのかをきちんと考えないまま，生徒にとって興味がありそうな異文化に関連した知識を与えていたことだと思います。異文化に関する知識が増えれば，生徒の異文化理解に対する能力も自然に伸びるだろうと安易に考えていたことであると考えました。そこで，J-POSTLの「文化」に関する記述文を通して，単に異文化に対する気づきを与えるだけでは十分ではないことを理解するようになりました。

　授業実践後にJ-POSTLの「教授法」の分野の「文化」の領域にある8つの記述文を観点として，実践の振り返りをすることにしました。J-POSTLには「普段の授業実践など気づいたことを継続的に振り返ることで，自己の長所や改善点に気づくことができる」(p.5)とあり，記述文を活用することで，主観的な振り返りではなく，客観的かつ継続的な振り返りが可能になると感じたからです。

3.2　授業の振り返り

3.2.1　「まあまあできている」と判断される記述文

　J-POSTLの「文化」の記述文に基づき，4時間の授業を振り返りました。その結果，
・英語学習をとおして，自分たちの文化と<u>異文化に関する興味・関心を呼び起こすような活動を設定できる</u>。[J-Ⅱ-G-1]
・授業外で<u>インターネットや電子メールなどを用いて</u>，英語が使用されている地域，人々，文化などについての<u>調べ学習の機会を与える</u>ことができる。[J-Ⅱ-G-5]
の下線を引いた箇所（下線部筆者，以下同）については頻繁に行っていたと感じました。トピック自体が生徒にとって「異文化」であり，クイズやプレ

ゼンテーション活動を積極的に取り入れていました。また，生徒がプレゼンテーション活動を行う際に，インターネットなどで文化について調べ学習を行わせていたからです。「学習者の**異文化への気づきを促し深める活動を設定できる**」（[J-Ⅱ-G-3]）については表5のようにそれぞれの授業で行った活動がこの記述文に該当すると考えます。

表5　異文化への気づきに該当する活動と生徒の反応

時限	活動内容	生徒の反応（アンケート回答より）
1限目 （表1）	・インフォメーション・ギャップ・リーディング活動	インフォメーション・ギャップ・リーディングを通して，世の中には様々な民族が住んでおり，サーミ族という原住民の文化に気づくことができた。
2限目 （表2）	・サーミ族や世界の原住民についての異文化理解クイズに答え，異文化に対し関心を深め，全体で知識を共有	異文化理解クイズを通じて，サーミ族の服装に深い意味が込められていることに関心を持った。
3限目 （表3）	・ALTによるサーミ族や世界の原住民についての講義に参加	世界には多くの原住民が住み，それぞれの民族に独特の文化や生活様式があることを，ALTによる授業ではじめて知った。
4限目 （表4）	・グループ発表（1グループ7分） ・グループ発表後はコメントシートを書く。	プレゼンテーションを通じて，異文化についての気づきを持てた。

3.2.1　課題として残った記述文

「文化」の領域にある8記述文のうち，上述の3記述文の下線部は何とか授業での活動に含めることはできていたと思いますが，残りの5つの記述文については，今後の課題として残りました。それらの記述文の観点をすべて1つの単元の授業で扱うことは困難ですが，今回行った授業を基に授業改善を行うとすれば，次の記述文を参考にして，表6のような改善策を講じることが可能と考えられます。

・学習者に文化とことばの関係性に気づかせる文章や活動を選択できる。
　[J-Ⅱ-G-4]

表6 「文化とことばの関係性」に気づかせる授業改善例

時限	改善内容
1限目	サーミ族の文化を紹介する際には，実際のサーミ語を生徒に（YouTube などを通じて）聞かせる。また，サーミ語を話すサーミ人たちは，自分たちの住む国（スウェーデン・ノルウェー・フィンランド・ロシアなど）の言葉も話す点を強調する
2限目	異文化理解のクイズでは，言語に関する質問も盛り込む。（例）"トナカイ"の由来は何か
3限目	ALT の講義で，原住民に関わる言語について取り上げる
4限目	言語についてのプレゼンテーション課題を最低1グループに与える。（トピック例）Disappearing languages around the world

　一方，以下の記述文の下線部に対しては，今回の授業における改善策を未だ打ち出せないでいます。

・英語学習をとおして，自分たちの文化と異文化に関する興味・関心を呼び起こすような活動を設定できる。[J-Ⅱ-G-1]
・社会文化的能力を学習者が伸ばすことに役立つ活動（ロールプレイ，場面設定での活動，など）を設定できる。[J-Ⅱ-G-2]
・学習者に社会文化的な「行動の規範」の類似性と相違性を気づかせる様々な種類の文章，教材，あるいは活動を選択できる。[J-Ⅱ-G-6]
・「他者性」という概念を考えたり，価値観の相違を理解させたりすることに役立つ，様々な文章，教材，そして活動を設定できる。[J-Ⅱ-G-7]
・学習者が自分のステレオタイプ的な考え方に気づき，それを見直すことができるような様々な種類の文章，教材，活動を選択できる。[J-Ⅱ-G-8]

　これらの記述文では，自文化を含めた複数の文化や行動規範を比較し，類似性や相違性を認識し社会文化的能力を育成することが言及されています。他者の文化を理解するだけでなく，普段意識していない自文化についても他者の視点から意識させ，生徒自身が，文化とコミュニケーションの関係性について，ロールプレイや場面が設定されたコミュニケーション活動を通して探求し，発見していくことが求められていることがわかりました。今後，「異文化理解」の授業を行う上で，単に異文化を扱うだけでなく，生徒たちが文化比較をしたり，自文化や他文化に持っている固定観念（ステレオタイプ）や，固定観念から生まれるコミュニケーション上の誤解や問題などに気づきを促す活動も考えたいです。そして，これらの記述文に対応する生徒の能力

が，授業を通して偶発的に育成されることを期待するのではなく，具体的な教室内での活動と結び付けて焦点化することができれば，彼らの能力の伸びを検証・評価もすることも可能になるかもしれないと考えています。

4. まとめ

　本実践とJ-POSTL記述文を用いた振り返りを通じて，教室内においても，生徒の文化に関する様々な能力を育成するための活動を設定することが必要であることを理解しました。また，実際に「文化とことばの関係性に気づかせる活動を選択できる」という記述文については，新たな活動案を作ることができました。他の記述文についても，具体的な活動案を考え，生徒の能力育成の観点を明確にすることにより，より効果的な授業実践につなげたいです。これらの学びを生かして，今後も授業改善を続け，生徒と共に成長できる授業を実践し続ける決心です。

2. 伝統文化「茶道」の発信
——異文化学習の可視化［高校］

残間紀美子

　創立100年の伝統を誇る都立高等学校における特別活動「茶道」の実践について紹介します。学校での「茶道」の実践の多くは技能を磨くための稽古を中心としていますが，本校では，「日本の伝統・文化の理解と発信」として位置づけ，生徒の文化発信能力や異文化理解能力の育成へとつながる活動を行っています。具体的には，東京都の文化発信プログラムへの参加，高等学校文化祭「冬の茶会」の運営，さらに，ミュンヘン大学での茶道パフォーマンスなどです。これらの活動が生徒のどのような「学び」につながったのか，J-POSTL の記述文を用いて可視化し，その意義と可能性について考察します。

〈キーワード〉特別活動，学びの可視化，協同学習

1. 背景

1.1　特別活動としての「茶道」の実態

　茶道には多くの流派が存在し，使用する道具や習得すべき技能が流派によって異なります。そのため，学校ではそれぞれ独自の活動が行われており，学校間での生徒同士の交流は活発とは言えない状況です。本実践が行われた東京都立高等学校は，2020年に100周年を迎える伝統校であり，茶道部創部はほぼ学校創立時に遡ります。しかし，その活動は概ね校内に限られ，唯一の発表の場は年1回の文化祭のみで，普段の活動は外部講師が所属する流派の茶道の稽古に終始していました。

1.2　実践者について

　実践者は，1993（平成 5 ）年に英語科の教員として着任以来，茶道部顧問として，高校生の日本の伝統・文化理解に携わってきました。自身の茶道経験は40年程になりますが，教員になって初めて，茶道の特別活動が単なる技能の習得ではなく，生徒の文化に関する深い学びにつながる教育手段となり得ることに気がつき，多岐にわたる活動を行うようになりました。

▌2.　教育活動としての活動

2.1　「異文化理解」としての茶道の学び

　本校では茶道の目的を，「日本の伝統・文化の理解と発信」と位置づけています。茶道は英語では tea ceremony と翻訳されますが，実は，茶道は単に亭主が客にお茶を点ててもてなしをするための儀式ではなく，亭主と客が互いを尊重し合うことを基盤とした高尚なコミュニケーションの手法でもあります。また，文化としての茶道は，衣・食・住にわたる日本の生活文化そのものであり，生花や茶道具，茶室に飾る美術工芸品などを包括する総合芸術でもあります。

　未経験の多くの生徒にとって，茶道は，始めのうちは身近な文化ではなく，「異文化」と言ってもよいでしょう。茶道で使う道具や用語などは，生徒にとって新しい学びです。本校の生徒たちは異文化である茶道について理解し，実践を通してコミュニケーションとしての茶道への理解を深め，さらに，身につけたことを，他者に説明したり，亭主として客をもてなしたりする活動へと発展させていきます。

2.2　英語による茶道の指導・実践

　異文化理解活動としての茶道の学びを深めるために，英語科の教員でもあ

図 1　JET 教員と茶道部員

図 2　和室での稽古風景

る実践者は JET 教員に呼びかけ、生徒とともに茶道部の活動に参加してもらい、茶道部の生徒が JET 教員に対して茶道を指導・実践する場を設けました。JET 教員は文部科学省の JET プログラム（The Japan Exchange and Teaching Programme）によって招聘された外国人教員で、各学校に配置されています。

　生徒たちは、日本文化についても茶道についても全く知識のない JET 教員に茶道について教えることになりましたが、最初はどのように進めてよいかわからず、試行錯誤の連続でした。生徒たちの個性や茶道の知識、英語力も多様でした。茶道の知識や点前については自信があるけれど英語に自信がない生徒、英語は得意だけれど茶道のことがよくわかっていない生徒、とにかく明るく積極的に JET 教員と話ができる生徒がいました。実践者は、英語で茶道をどのように表現するのかを、生徒たち自らで考え、話し合い、実践に移すように促しました。その結果、生徒たちは以下の 3 点が重要であると気づきました。

① 今まで曖昧なまま使用していた茶室や使用する道具の呼び方、構造、使用目的等について明らかにし、客観的に説明できるよう情報を整理する。

② 「なんとなく」やっていた作法、動作の一つひとつを言語化するために、具体的にどのような動きであるのかを分析し、その作法は何を意味するのか、そして "なぜ" その動作をするのかについて明らかにし、説明する。

③ 各自が得意な分野で役割を果たし、協同して JET 教員の指導にあたる。（点前、道具、和装、客としての作法、亭主としてのふるまい等）

　具体的にどのような学びがあったのかを可視化する上で、J-POSTL の「文化」の記述文と対応させてみました。特に以下の記述文に書かれている観点が、活動を通して実現したのではないかと思います。

・「他者性」という概念を考えたり、価値観の相違を理解させたりすることに役立つ、様々な種類の文章、教材、そして活動を設定できる。[J-Ⅱ-G-7]
・学習者に社会文化的な「行動の規範」の類似性と相違性を気づかせる様々な種類の文章、教材、あるいは活動を選択できる。[J-Ⅱ-G-6]

　価値観や文化の異なる外国人教員に対して，茶道について説明をするという活動は，自分とは文化的背景が異なる他者についての意識を促すことになり，他者性という概念を考える機会につながりました。また，お茶を飲むという行動に付随する社会文化的な「行動の規範」についても，JET教員に説明をする上で改めて分析し，「動作の一つひとつを言語化」したと生徒は述べています。

　J-POSTL記述文は英語教師が自らの授業力や実践を振り返り，見直すためのものですが，生徒たちの主体的な，英語を通じた多様な活動を振り返る上でも，大変有効であると思います。

　JET教員との協同学習・実践は学校の外へと，活動の機会を広げていきました。次項では，主な2つの活動を紹介し，生徒たちの学びについて振り返ります。

3. 学校外での英語を使った特別活動

3.1　ガンダムプロジェクト

　ガンダムプロジェクトは，東京都が主催した文化発信プログラムです。クールジャパンのシンボルとしてガンダム立像が設置されているお台場は，東京に住む諸外国の方々の文化に触れたり，日本の文化を世界に発信したりする場となっています。

　茶道部の生徒たちは，「日本の伝統・文化である茶道を外国の方に楽しんでいただきながら紹介する」という趣旨で東京都より要請を受けJET教員と共に参加することになりました。

3.1.1　活動内容と実践者の役割

　生徒たちは自ら企画を考え，それまで学校の茶道活動に参加していたJET教員が亭主として点前を披露する「高校生野点」に挑戦することにしました。生徒が試みた活動は以下の通りです。

① 亭主として点前をするJET教員に対する技術指導を行う。

② 半東（亭主のサポート役）として観客の前に出る。

③ 茶道の紹介とJET教員の紹介を英語で実施　図3　JETを生徒が着付け

する。

④ JET 教員のために和服の用意をし，当日までに着付けを習得して，JET
   教員の和装コーディネートをする。

⑤ JET 教員と共に，イベントの開会セレモニーの茶席紹介，活動紹介に
   参加する。プレゼンテーション用の英語と日本語の原稿を作成し演出
   する。

生徒たちは，企画，準備，実行の全てを，主体的に話し合いながら進めました。実践者は主に，生徒たちのファシリテーター，安全確認，外部機関との折衝，方向性の確認の役割を担いました。

3.1.2　活動の成果と振り返り

　和装姿の JET 教員と協力し合いながら，茶席を運営する高校生の様子は，新聞に掲載されたり，テレビ放映され，社会からも高い関心を得ました。生徒たちは自らの活動が評価されたことに自信を持ち，自己肯定感が高まり，ますます積極的な態度が育まれました。

　また，JET 教員と生徒たちの関係性も大きく変わりました。ある生徒が，JET 教員を紹介するための英語でのスピーチが上手くできず，「せっかくのエミリー先生の晴れ舞台を私が台無しにしてしまった…」と泣き出した時，JET 教員は，「大丈夫，あなたの言いたいことははちゃんと皆に伝わった。私が初めてスペイン語でスピーチした時は，あんなに上手にできなかった」と言って生徒を励まし，互いを尊重し，助け合う関係が育まれました。

　このことが，生徒のどのような能力の育成につながったのかを考察するために，J-POSTL を使って振り返ってみました。良い関係性を構築していくために，他者の立場に立って考えたり，互いの違いを認識し，調整しあう能力は，社会文化的能力です。生徒たちと JET 教員は互いの立場に立って考え，その場に相応しい態度でお互いを励まし合い，より深い関係性を構築することができました。J-POSTL には，この能力に関連した記述文が「文化」の領域に，収録されています。

・社会文化的能力を学習者が伸ばすことに役立つ活動（ロールプレイ，場面
　設定での活動，など）を設定できる。[J-Ⅱ-G-2]

　JET 教員との協同の場が学外へ広がったことにより，このプロジェクトは

お互いの社会文化的能力の伸びに大きく貢献したのではと思います。

3.2　東京都高等学校文化祭「冬の茶会」における JET 席運営

　もう一つの学外での活動は，東京都教育委員会が東京国立博物館と連携して実施した『高校生英語交流プロジェクト～東京都高等学校文化祭中央大会「冬の茶会」JET 対象　日本の伝統・文化・茶席体験～』（2015年実施）の運営です。これは，東京都教育庁に所属する JET 教員の日本の伝統・文化理解の研修として設けられました。

3.2.1　活動内容と実践者の役割

　このプロジェクトで生徒が行った活動は以下の通りです。

① 40名の JET 教員に対する受付，英語によるオリエンテーションと博物館の案内

② 庭園と茶室の歴史等を事前に学び，庭園を案内しながら JET 教員に英語で説明

③ 茶席での振る舞い，お菓子・抹茶のいただき方，お茶の点て方等のお手本やレクチャーを英語で実施

④ 東京国立博物館内茶室「応挙館」にて，茶道部生徒と本校 JET 教員が亭主となり点前を披露。半東として日本語と英語で JET 教員に茶席と点前について解説

図4　庭園・茶室を案内（左）／茶室での振る舞い・お茶の点て方レクチャー(中央)／応挙館茶席（右）

　このプロジェクトにおいて，実践者はプログラムの企画立案と目的設定（語学体験，JET 教員に対する日本の伝統文化理解研修，日本人生徒と JET 教員の交流），アンケートと評価シートを活用した相互評価を実施しました。

3.2.2　活動の成果と振り返り

　生徒たちは自校のJET教員と協同しながら，他校の茶道について興味はあるが知識の少ない多くのJET教員に対して，英語で茶道を説明したり，お点前を披露しました。生徒たちは英語でどのように表現したら言いたいことが伝わるのか，深く考えました。たとえば，お茶を「点てる」という動作言葉についても，「stir, whip, whisk, いや, やっぱりmake teaではないのか」，といったように，簡単に答えは出ませんでした。このような思考プロセスを通じて，生徒たちは英語と日本語の違いや，文化とことばが密接につながっていることに，気づくようになりました。実践者は，何気なく表出される小さな気づきを拾い上げ，生徒と共有し，意識化を図ることで生徒を対話的で深い学びへと導くように努めました。このプロセスはJ-POSTLにおいて，以下の記述文に当てはまると思います。

・学習者に文化とことばの関係性に気づかせる文章や活動を選択できる。
　［J-Ⅱ-G-4］

▌4. 活動のさらなる発展

4.1　ミュンヘン大学における茶道パフォーマンス

　海外からの留学生を対象に，積極的に日本の伝統文化の紹介や交流会を実施している本校は，遂に，海外にまで活動を広げることになりました。ミュンヘン大学で茶道を紹介・披露する機会が飛び込んできたのです。参加することになった茶道部の生徒は，前年度に1年間，第二外国語としてドイツ語を受講していた経緯から，ドイツ語でのパフォーマンス実施に意欲を見せ，渡独1か月前からその習得に励みました。実践者は，現地コーディネーターやミュンヘン大学教授との様々な交渉，生徒がプレゼンテーションを行うた

図5　ドイツでのプレゼンテーション風景

めに必要な物品や場所等のコーディネートと準備，そしてドイツ語指導者との橋渡しや，より効果的かつ教育的なプレゼンテーションになるようなプロデュースの役割を担いました。生徒は日本の伝統や文化を学び直し，茶道に関連づけて紹介するためのドイツ語と英語のプレゼンテーションを準備しました。その努力の甲斐あって，イベントに参加したドイツの方々からは大好評を博しました。この異国の地における成功体験は，さらなる学びの広がりと学びへの動機を生徒に与えてくれました。

4.2　世界に向けた文化発信へ

　本校の茶道部員は，それまでの様々な取り組みが評価され，現在，文化庁・共同通信が主催する文化オリンピアード企画である「文化プログラムプレスセンター」の学生記者として活躍しています。彼らは，プロの記者から日本語と英語，2言語での「表現」や「発信」の仕方について学びながら，様々な日本文化に関する記事を英語と日本語で発信しています。生徒たちの書いた記事は，インターネットで世界に発信され，プログラム参加者の中には，共同通信から記事を新聞社に配信できるに至った生徒もいます。

図6　取材の様子

図7　ネット公開された英語での発信記事

2020年には，学生記者として本校茶道部の生徒たちが東京オリンピック・パラリンピックを取材し，彼らが感じた文化としてのオリンピック・パラリンピックを世界に発信することになっています。

4.3　特別活動の目的

　このように，本校の茶道部の活動は，日本の伝統文化の発信を軸として世

界に広がっています。実践者は，茶道部の活動が教育ツールとして，生徒た
ちの異文化理解力や他者と協働する能力の育成，社会へ貢献する人材の育成
となることを目指してきました。J-POSTL には，特別活動の意義についても
以下の通り指標が与えられており，目的を明確にしたり，学習効果について
吟味したり，外部組織と協力して行うことの重要性を認識することができま
した。

・語学体験を含む研修旅行，交流，国際協力計画などの特別活動の目的を的
　確に設定できる。[J-VI-F-1]
・学習効果を高めるような特別活動（文集，部活動，遠足など）の必要性を
　認識し，状況に応じてそれらの活動を設定できる。[J-VI-F-2]
・関係者と協力しながら国際交流活動を組織する支援ができる。[J-VI-F-3]
・修学旅行，国際交流・国際協力活動の学習結果を評価できる。[J-VI-F-4]

　特別活動の内容は，学校や内容によって多岐にわたると思いますが，それ
ぞれに目的や学びを可視化することによって，より適切に学習効果を検証し
たり，評価することができるのではと思います。

▌5. 展望と J–POSTL 活用の意義

　多くの高校の茶道部では，まだ「茶道」そのものに習熟すること，すなわ
ち，各流派の技能を習得することが活動の最も重要な目標とされています。
しかし，学校教育において茶道部活動を健全に実践するためには，茶道を教
育活動の一環として捉える実践者の育成が急務だと考えます。そのためには，
顧問の教師は，生徒が主体的に「何を」「どのように」学び，どのような「能
力」が育成されるのかを，継続的に振り返りながら，活動の質をしっかり保
証することが大切だと思います。さらにその効果検証を行い，教員間で共有
したり，次の活動へとつなげていく際に，J-POSTL の記述文を使用すること
は大変有益です。そうすることによって，学びが可視化され，学びの質が高
まり，その幅が大きく広がるのではと期待します。
　今回，J-POSTL の記述文と，これまでに行ってきた実践活動を照らし合わ
せることによって，本特別活動が教育実践として有効かどうかについて客観
的に振り返ることができました。また，教師として社会的な活動を教育活動
の一環として設定することが重要であることも，J-POSTL の記述文を参照し

ながら実感しました。今後も J-POSTL を活用しながら，実践のプロセスや目的，実践における学びを可視化し，教員間で意見交換したり，協働することにより，新たな活動へとつなげたいと考えています。

3. まとめと教育的示唆

栗原文子

▌ 1. はじめに

　J-POSTL には文化に関連する記述文が，「I 教育環境」「II 教授法」「IV 授業計画」「V 授業実践」「VI 自立学習」「VII 評価」の 6 分野に収められています。このことからも，外国語教育の教育環境から評価までの一連の流れの中で，文化は常に意識されるべき重要な要素であるということがわかります。そのうち，「II 教授法」の分野では，4 技能の活動や文法，語彙に加えて，文化の項目が設定されており，8 つの記述文が収録されています。本章の第 1 節では「異文化理解」の授業，第 2 節では特別活動「茶道」の実践について，J-POSTL の文化や関連分野（特別活動，国際理解）に関する記述文を用いながら，実践者が自らの実践を省察した過程を紹介しました。本稿では，初めに，J-POSTL の記述文の背景にある外国語教育における学習者の異文化間性（Interculturality）と異文化間能力（Intercultural Competence，以下 IC）の育成の重要性について述べます。次に，各実践報告におけるポイントをまとめ，最後に，「主体的・対話的で深い学び」につながる IC 育成と J-POSTL の記述文を活用した振り返りの意義について解説します。

▌ 2. 異文化間能力の育成

2.1　Interculturality 促進の重要性

　J-POSTLにおける言語学習者観は，『ヨーロッパ言語共通参照枠（CEFR）』における言語学習観と共通しています。CEFR では，学習者は外国語学習を通して，interculturality を伸ばし，複言語使用者になることが強調されています（吉島・大橋, 2004）。

　　第二言語や外国語，異文化の学習者は自分の母語の運用能力やそれに付随した文化についての能力を失うわけではないということである。また，新しい能力は既存の能力とまったく別個のものではない。学習者は行動様式やコミュニケーションについて関係のない別々の方法をただ身につ

けるわけではない。言語学習者は複言語使用者（plurilingual）となり，異文化適応性（interculturality）を伸ばすのである。それぞれの言語や文化を身につける能力は，他の言語の知識によって変化を受け，異文化に対する認識，技能，ノウ・ハウを習得する上での助けとなる。また，それらの能力によって，個人個人が豊かで，より複合的な個性を身につけ，その言語学習能力もより強化され，新しい文化を体験できるようになる。

　Interculturality は，文献により「異文化適応性」「異文化間性」「間文化性」など異なる訳語が使われています。また，文化と同じく，その概念を定義することは簡単ではありませんが，ここでは具体例を通してその概念について考えてみましょう。例えば，日本語話者は，日本語には敬語や丁寧語があること，またそれらを使えるようになるには，会話の参加者たちの社会的地位や年齢の差異に関する情報が必要であることを学習します。しかし，日本語の習得時に必要な社会文化的知識を英語の学習時にそのまま用いることは，必ずしも有効ではありません。英語にも丁寧な表現や敬語表現はありますが，日本語とは体系が異なりますし，英語が用いられている社会文化的文脈は，日本のそれと異なるからです。一般的に，英語では人間関係における「対等な関係」を「上下関係」よりも強調する文化が基盤にあることが多いようです。そのため，年齢が違っても，学校や会社内ではファーストネームで呼び合うことが普通です。日本のように，1学年違えば，「先輩」「後輩」と呼び合ったり，丁寧語を使うという配慮は必要ありません。このように，言語を使用する際にはその言語が用いられている社会文化的な文脈に関する知識を適切に用いなければなりません。外国語学習において，学習者は，自文化のものの見方や考え方に加えて，異なる文化によるものの見方や考え方について学び，やがて，自らの中にそれらの複眼的なものの見方や考え方を構築していくことになるのです。これが，interculturality という概念であり，IC につながる要素です。IC の育成は，外国語教育の重要な観点です。学習者のIC 育成を重視する外国語教育においては，ネイティブスピーカー能力が最終目標ではなく，学習者が，母語や自文化の知識や経験と学習している言語や異文化の知識や経験を比較したり，関連づける技能を身につけることが重視されます。

2.2　異文化間能力（IC）の育成

　IC は，最近，グローバルコンピテンスの一部としても注目されています（Asia Society and OECD, 2018）。IC の構成要素は，研究者により多少異なりますが，異文化に対する（1）知識と理解，（2）態度，（3）技能に関する要素からなるとされています（Byram, 1997, Deardorff, 2011など）。ここで注意したいことは，異文化に対する知識や理解だけでは，IC の育成には不十分だということです。たとえば，態度に関しては，異なる文化や異質なものに対して「心を開く」「好奇心を持つ」「寛容になる」「偏見を持たない」などが含まれます。また，技能面では異なる文化をもつ相手を「尊重し，適切かつ効果的に交流する技能」や「自文化の視点からではなく，相手の文化的視点に立って相手を理解しようとする技能」などが含まれます。

　進展するグローバル化現象に伴い，日本においても，言語や文化的背景の異なる人々と交流する機会は急増しています。自文化の形成過程にある児童や生徒が，外国語を学習する過程で IC を適切に育むためには，「4.　主体的・対話的で深い学びを目指して」で述べるように，自他文化を意識，比較，調整する能力を育成するための異文化間教育という視点を意識的に取り入れた教育実践が有効になるでしょう。特に，他者と交流する能力の育成が目標とされる外国語教育においては，IC 育成の視点を意識的に取り入れ，効果検証をして，優れた実践活動を普及させることが求められています。

3.　各節の実践報告におけるポイント

3.1　「1.『異文化理解』授業の振り返り」

　本章第 1 節は，国際高校・国際教養学科の必修科目「異文化理解」の授業実践です。実践者は，「異文化に関する知識が増えれば，生徒の異文化間能力も自然に伸びるだろうと安易に考えていたため，生徒への異文化に関する話題提供に力を入れていました」と述べています。しかし，言語に関する知識が増えればその言語を使用する能力も自動的に身につくわけではないのと同様に，異文化に関する知識が増えれば，異文化をもつ他者や集団に対する望ましい開かれた態度や寛容性，適切な交流の仕方が自動的に身につくわけではありません。どのような観点から授業をデザインすれば，学習者の異文化間能力を伸ばすことができるかについて，J-POSTL の「文化」に関する記述文からヒントを得ることができます。実践者は，授業で行われたインフォメーション・ギャップ・リーディング，異文化理解クイズ，ALT による講義，

グループプレゼンテーションを，以下の記述文については取り組んでいたと
判断しました。

・英語学習をとおして，自分たちの文化と異文化に関する興味・関心を呼び
　起こすような活動を設定できる。[J-Ⅱ-G-1]
・授業外でインターネットや電子メールなどを用いて，英語が使用されてい
　る地域，人々，文化などについての調べ学習の機会を与えることができる。
　[J-Ⅱ-G-5]
・学習者の異文化への気づきを促し深める活動を設定できる。[J-Ⅱ-G-3]

　しかし，その他の記述文については，一部だけ取り組んでいた，あるいは
まったく意識されていなかったという振り返り結果となりました。実践者は，
それらの結果を受けて，以下の記述文を選択し，それを授業に取り入れると
したら，どのような活動が設定できるかについて，具体的に考察していきま
す。

・学習者に文化とことばの関係性に気づかせる文章や活動を選択できる。
　[J-Ⅱ-G-4]

　実践者は，全く新しい活動を提案するのではなく，実際に行った各授業の
活動の中に，新たに，文化と言葉の関係性に気づかせる要素を取り入れるこ
とができると考えました。つまり指導案を大きく変えなくても，記述文の要
素を取り入れる工夫を施すことができるということがわかります。学習者の
異文化間能力を伸ばすという視点を活動の中に盛り込む工夫を考え，授業改
善に結びつけることができるということに気づけたことにより，有益な振り
返りにつながったといえます。

3.2　「2.　伝統文化『茶道』の発信」

　本章第2節は，英語教師による「茶道」の特別活動に関する実践です。実
践者は，生徒たちが茶道技能を習得することを最終目標とはせず，生徒たち
が日本の伝統文化を理解し，実践し，他者へ向けて発信する活動や場面を設
定し，生徒の人間的成長を促す教育的ツールとして「茶道」を位置づけてき
ました。その取り組みは，国内だけでなく海外でも行われ，学校を超えて外

部機関との連携が次々に実現されるなど，大きな広がりを見せています。今回，J-POSTL の「文化」，「Ⅵ 自立学習　F. 特別活動」「Ⅶ 評価　E. 国際理解（文化）」の各分野にわたる記述文を参照して振り返りを行うことによって，実践者は自らの実践活動を可視化し，生徒の能力育成について，客観的かつ具体的に説明できるということを発見しました。例えば，東京都の要請により参加したガンダムプロジェクトでは，生徒たち自ら JET 教員に亭主として点前を披露してもらうという企画を考え実行しましたが，実践者はこの活動について，以下の記述文とリンクさせながら，分析を行いました。

・「社会文化的能力を学習者が伸ばすことに役立つ活動（ロールプレイ，場面設定での活動，など）を設定できる」[J-Ⅱ-G-2]
・学習者に文化とことばの関係性に気づかせる文章や活動を選択できる。[J-Ⅱ-G-4]
・学習者に社会文化的な「行動の規範」の類似性と相違性を気づかせる様々な種類の文章，教材，あるいは活動を選択できる。[J-Ⅱ-G-6]
・「他者性」という概念を考えたり，価値観の相違を理解させたりすることに役立つ，様々な種類の文章、教材、そして活動を設定できる。[J-Ⅱ-G-7]

　また，実践者は，生徒と JET 教員の間で交わされたやり取りについて，「感動的で良い体験だった」といった主観的振り返りではなく，相手の立場を思いやり，その場面に適した態度で行動することができたことから，互いの社会文化的能力の伸びにつながる協同的な活動であった，と分析しました。このように，J-POSTL の記述文は，生徒の能力育成の観点を明確化するので，実践について他の関係者に説明したり，生徒と実践を客観的に振り返ったりする際にも有効なツールとなるでしょう。優れた実践を特定の教師や学校に帰属させるのではなく，多くの学校においても同様の，あるいはより発展的な実践につなげるうえで，J-POSTL の記述文を用いた振り返りは有効です。

▌4. 主体的・対話的で深い学びを目指して

　新学習指導要領において，授業改善の視点として，「主体的・対話的で深い学び」を目指すことが，全ての教科に共通する授業改善の3つの視点となっています。異文化間能力は，いわば，自文化と異文化，または複数の文化の「間」を取り持つことができる能力ですが，その育成を目指す異文化間教

育は，主体的・対話的で深い学びを促す機会を豊かに提供することができるでしょう。異文化間能力を育むためには，教師が生徒に一方的に文化に関する知識を提供するのではなく，生徒自身が主体的に自文化や異文化を観察（observe），比較（compare），分析（analyze），探求（explore），評価（evaluate）し，望ましい行動（act）をとることが奨励されます。これは，ステレオタイプや，偏見，過度な一般化（国と特定の文化を結び付け，多様性について言及しないなど）を植えつけないためにも重要なことです。このような探求型の文化に関する深い学びを外国語教育あるいは特別活動と連動させて行うことは，新学習指導要領で謳われている「主体的・対話的で深い学び」に通じるものといえます。本章の実践事例では，J-POSTL の記述文により，個々の活動と生徒の IC 育成の観点を結びつけ考察しましたが，実践者だけでなく，生徒にも同様の記述文を用いて振り返りをさせることにより，さらに学びの質の向上が期待されます。日本の英語教育の文脈においては，異文化間能力育成に関する具体的な指導法や実証的研究はまだ多くは報告されていません。今後，生徒の行動や意識の変化までを可視化し，生徒の IC と言語能力の育成の関係についても検証することが重要でしょう。その際にも，J-POSTL の文化に関する記述文は大きな指針を与えてくれるものと考えます。

第5章
教員研修における試み

1．校内自主研修における導入と継続
2．公的教員研修における活用
3．授業評価の観点づくりにおける活用
4．まとめと教育的示唆

1. 校内自主研修における導入と継続

宮本順紀

　2017年度に県立の高校定時制普通科において，筆者が教頭として推進役となり，英語科の初任者，3年次教員，中堅教員とJ-POSTLを用いた校内自主研修に取り組みました。本稿では，三者三様の授業改善に対する自己評価を中心に紹介します。さらに，2018年度から校長として赴任した県立高校での試みの概要と課題について簡単に報告します。いずれも管理職としての取り組みで，必ずしも軌道に乗ったものとは言えません。校内研修の最大の課題である，業務の合間をぬってどのようにはじめ，どのように継続させるかという点についても検討しました。

〈キーワード〉フレックススクール，協働的な校内研修，同僚性

1. 背景

1.1　研修実践校の概要

　実践校はつくば市の南部に位置する3部制単位制定時制普通科の高校です。茨城県では同タイプの定時制高校をフレックススクールと称しており，2018年度には県北地区で1校増え，県内で5校となりました。実践校の場合は，不登校経験者などを受け入れられるように，午前部2クラス，午後部1クラス，夜間部1クラスが設置されています。入学者には中学校までに不登校を経験していたり，発達障がい等の課題を持っていたり，家庭環境に困難を抱えていたりする者が少なくありません。中学時代に特別支援学級に所属して

いた生徒もおり，特別支援学校を選択せず高等学校をあえて選択した生徒も
います。持っている能力を伸ばし切れていない生徒や，学力が伸び悩み，個
に応じた指導・支援が必要な生徒も多くいます。このような生徒の実態があ
る中で，教員が期待しているようには生徒の学力は向上しません。フレック
ススクールへの改編前は，学習者側の持っている様々な課題がハードルとな
り，教員がいくら授業改善に取り組んでも成果があまり得られず，学び直し
の繰り返しが続き，達成感が限られ，疲労感が積み重なっていく状況にあり
ました。そういう中で，特別支援教育の視点を入れて，ユニバーサルデザイ
ンの授業を工夫しなければならないという共通認識が教員間に浸透し，工夫
の成果が徐々に出てきているところです。

1.2　筆者について

　教諭として1年間県立高校の全日制で教え，引き続き定時制でも4年間英
語指導をした後，教頭になって2年目を迎えていました。このようにあまり
例がない勤務経験のため，同僚に自主的研修を勧めるのは，人間関係の上で
心理的に若干の困難を感じていました。しかし，J-POSTLを活用した校内研
修によって校内の協調的な教員文化を育むことが必要であると考えました。

　J-POSTLには様々な利用方法があります。教師が個人的に自己研鑽を積み
重ねるために使う方法が代表的なものですが，利用している教員も，使用開
始には何らかのきっかけがあったはずです。大学での教員養成段階，教員に
なってからの研修会，ネット上での情報などですが，その機会は限られてい
ます。多忙な教員が様々な情報の中からJ-POSTLの存在を知り，意義を感じ，
使い始めるというのは確率的に高いものではありません。従って，J-POSTL
を理解している人物が，知らない教員に使用を促す必要があると思われます。
しかも，その教員の状況をある程度把握しており，教員としての成長を願い，
親身になって使用を勧めないと，その教員がスタートラインに立つことは難
しく，継続して使用することはさらに困難になります。微力ながら，筆者が
その役目を担う一人になろうと思った次第です。

1.3　取り組みの概要

　教育委員会の体系的な研修として，若手教員研修を受ける義務のある初任
者が赴任することになった機会をとらえて，J-POSTLの活用を試みました。
初任者とその指導に当たる中堅教員に対し，初任者研修の枠を越えて

J-POSTL を用いて指導力向上を図ってみようと筆者が提案したところ，賛同を得ることができました。さらに，教職3年目の教員にも声をかけたところ，了解を得ることができました。その結果，常勤教員6名のうち半数が取り組むことになりました。加わらなかった教員の1人は夜間部担当で教務主任，1人は独自に研鑽を積んでいる教員，もう1人は欠員補充の講師でした。取り組みの性質上，無理強いはしないようにしました。

　初任者の教員としての生活が軌道に乗り始めた夏季休業以降に，3人はJ-POSTL の記述文から特に重点的に取り組みたい記述文を選び，授業改善に取り組み，冬季休業以降に振り返りを行うことにしました。取り組みの一つの区切りとして，年度末に予定されていた「言語教育 EXPO 2018」（2018年3月4日 JACET 教育問題研究会主催）で成果を発表することで合意しました。また，進捗状況を確認するために時々筆者から声をかけるようにしました。その際，もともと同僚として同じ学校の教室で英語指導に当たっていたので，管理職の立場からの一方的な助言は極力排除し，同僚の立場で話をすることで心理的な負担をかけずに実践が継続できるように心がけました。

2. 研修の実践

2.1　初任者のケース

2.1.1　実践者について

　初任者は大学の教員養成学部を卒業し，講師経験などを経ることなく本県の教員として採用され，本校に赴任しました。入学者には不登校経験があったり，発達障がい等の課題を持っていたりする生徒が多いため，本校の1年次は2人担任制になっていますが，その担任の1人として配属されました。一緒に担任として組んでいたのは教員10年目の理科の教員です。これまでに経験したことのないような様々な事案に次々と対応することが迫られ，精神的なストレスを強く感じながら教職1年目を過ごしていることが，誰の目にもわかる状況にありました。このような状況下にあって，本人は J-POSTL から13の自己評価記述文を選び，指導力向上に努めました。

2.1.2　効果を実感した記述文

　今回の取り組みの区切りを3月の EXPO までとしたために，自己評価をする期間が6か月程度になってしまいました。それでも，表1が示す通り，初任者が意識的・重点的に取り組んだ指導には，効果を実感した記述文が見

られました。いずれも2017年度で，丸数字は自己評価を行った時期を示し，
それぞれ① 8月1日，② 10月4日，③ 10月11日，④ 10月31日，⑤ 11月22日，
⑥ 12月13日，⑦ 1月21日を表します。数値は5段階の評価（1.できない，2.
あまりよくできない，3.どちらとも言えない，4.まあまあできる，5.できる）
を表しています。

表1　初任者が効果を実感した自己評価の記録

選んだ自己評価記述文	①	②	③	④	⑤	⑥	⑦
文章に応じて，音読，黙読，グループリーディングなど適切な読み方を導入できる。[J-Ⅱ-D-4]	4	3	3	2	2	2	4
読む目的（スキミング，スキャニングなど）に合わせ，リーディング・ストラテジーの練習と向上のために様々な活動を展開できる。[J-Ⅱ-D-5]	1	—	—	2	3	3	3
学習者の発表や学習者同士のやりとりを促す活動計画を立案できる。[J-Ⅳ-C-2]	4	—	—	3	5	—	—
フラッシュカード・図表・絵などの作成や視聴覚教材を活用できる。[J-Ⅴ-D-2]	3	—	4	2	3	4	—

　最初の記述文「文章に応じて…読み方を導入できる」の自己評価の回数が
7回で突出しています。英語が苦手な学習者の多くが抱えている課題は，教
科書をスラスラ読めないことです。読めないので先に進めない，先に進めな
いので勉強が続かない，という悪循環に陥っています。音読指導にある程度
自信を持っている初任者が，生徒の英語を読む抵抗感を減らすことを目指し
たことは肯けます。しかし，現実には思い通りいかず，10月（②〜④）には
短期間で自己評価を繰り返し，11月（⑤）と12月（⑥）にはジレンマに陥っ
たようです。教科書では同じ難易度のものは続きません。含まれる語彙や文
法構造は複雑になり，内容もレベルアップしていき，それに合わせた指導が
必要になります。ところが，年が改まり1月（⑦）になると自己評価が回復
しています。この要因は，他の3つの記述文が支えていると考えられます。
　特に「学習者の発表や学習者同士のやり取りを促す」方法を「グループリ
ーディング」に応用したり，単語や語句の「フラッシュカード」を作成して
音読の基礎練習を行うなどの工夫をしたようです。さらに，「リーディング・
ストラテジー」に対する意識が目覚め，自己評価が若干向上していることも
影響していると思われます。つまり，「文章に応じて…」に対する自己評価
の数値は8月の時点と同じですが，内容が豊かになったと言えます。

2.1.3　課題が残った記述文

　前述した通り，J-POSTL を利用した期間は6か月です。その期間で，初任
者が選んだ13の記述文すべてに効果を実感することは，勤務校の実態を考慮
すれば，至難と考えられます。表2は，残りの9記述文に対する自己評価の
推移を表しています。丸数字は表1に準拠しています。自分が選んだ記述文
に対して，4～5回の自己評価を行っていることは，意識的に省察を行った
ことを反映していると考えられます。

表2　初任者に課題が残った自己評価の記録

選んだ自己評価記述文	①	③	④	⑤	⑥
学習者をスピーキング活動に積極的に参加させるために，協力的な雰囲気を作り出し，具体的な言語使用場面を設定できる。[J-Ⅱ-A-1]	4	－	2	3	2
発表や討論などができる力を育成するための活動を設定できる。[J-Ⅱ-A-3]	2	－	1	1	1
強勢，リズム，イントネーションなどを身につけさせるような様々な活動を設定できる。[J-Ⅱ-A-5]	4	－	2	2	1
学習者がマインドマップやアウトラインを用いて文章を書くための支援ができる。[J-Ⅱ-B-4]	3	－	2	4	2
文法は，コミュニケーションを支えるものであるとの認識を持ち，使用場面を提示して，言語活動と関連づけて指導できる。[J-Ⅱ-E-2]	2	1	1	4	2
学習者の反応や意見を，授業計画に反映できる。[J-Ⅳ-B-8]	3	2	2	3	2
学習目標に沿った授業形式（対面式，個別，ペア，グループなど）を選び，指導計画を立案できる。[J-Ⅳ-C-1]	4	3	2	2	－
英語を使って授業を展開するが，必要に応じて日本語を効果的に使用できる。[J-Ⅴ-E-1]	3	2	－	2	1
学習者がクラスメイトと互いに評価しあうことができるように支援できる。[J-Ⅶ-C-2]	2	－	1	2	1

　まず，初回に「4. まあまあできる」の自己評価をした3つの記述文（網掛
け部分）について考えてみましょう。教員養成課程での学びである程度自信
をもって臨んだと考えられますが，いずれも，自己評価が落ち込んでいます。
この原因は，勤務校の教育環境が大きく影響していると思われます。生徒間
の人間関係による影響，不登校など様々な背景を持った多様な生徒やコミュ
ニケーションに困難がある生徒，ペアやグループでの学習が苦手な生徒など，
実態がよくわかるにつれて課題が見えるようになります。教員養成課程でし

っかり勉強してきた初任教員ほど，自分の思いと現実の落差に対する戸惑い
が大きくなります。初任教員がこのような状況になった時こそ，管理職や同
僚の先輩教員の支えが必要となります。

　一方，⑤の時期に自己評価がいきなり4になっている記述文が2つあり
ます（網掛け部分）。指導対象の生徒の実態を考慮すると，ライティングや
文法の明示的な指導は困難です。特に文法は，コミュニケーション活動をと
おして身に付けさせる工夫をする必要があります。対象とする文法項目によ
っても，指導しやすいものもあれば，指導が困難なものもあります。自己評
価の推移にはそれが表れています。うまくいった授業を糧に，工夫を重ねて
いくことが重要になります。

2.2　3年次教員のケース
2.2.1　実践者について
　次の研修対象者は大学を卒業し，講師経験を経ることなく3年前に本県の
教員として採用され，本校に赴任しました。初任者の時に筆者が指導教員を
務め，J-POSTLを使用しましたが，指導教員が代わった2年次研修では使っ
ていません。2017年度の3年次研修では，再び使用メンバーの一人に加わり
ました。ところが，いざ記述文を選ぶ段になると，なかなか特定できません。
話を聞いてみると，過去2年間の教育経験から，英語以外の生徒指導等でも
対応しなければならないことが増え，向上を図るべき指導力が多岐にわたる
ため，記述文を絞り込めないでいることがわかりました。生徒指導が思うよ
うにいかないことも少なくないようです。そこで，日頃の授業の様子から，
ICT機器の利用とそれに関連する学習の動機づけを課題としてはどうかと助
言した結果，5つの記述文を選ぶこととなりました。

2.2.2　教員の指導力と生徒の学習意欲を向上させた記述文
　表3が3年次教員の自己評価の結果です。初任者と比べ，授業改善の目標
とした記述文の数と自己評価の回数は圧倒的に少ないことがわかります。
J-POSTLを使った経験が活かされ，授業改善のポイントを絞り込むこと，自
己評価は2〜3回程度熟慮して行うこと，という原則に従っています。1回
目の自己評価は2017年5月から9月の間，2回目は12月ないしは2018年1月
に行っています。

表3　3年次教員の自己評価の記録

選んだ自己評価記述文	1回目	2回目
学習者に適切なICTを使った教材や活動を考案できる。[J-Ⅲ-8]	2	4
学習者のために適切なICT教材を利用したり，評価できる。[J-Ⅲ-9]	2	4
学習者の能力や興味・関心に応じて，適切なICTを使った教材を選び，活用できる。[J-Ⅲ-10]	2	4
個人学習，ペアワーク，グループワーク，クラス全体などの活動形態を提供できる。[J-V-D-1]	2	4
ICTなどの教育機器を効果的に活用できる。[J-V-D-4]	3	5

　この教員はタブレット型PCを使用した問題演習を中心とした授業を継続して行いました。無線LANに接続可能な環境で，タブレット型PCを使う教員が他教科を含めて複数いるため，使い方については他の教員から得た情報も生かされていたと思います。「考案」というレベルから，実際に「利用したり，評価できる」，さらに，「学習者の能力や興味・関心に応じて」使いこなすことができるという自信につながっています。様々な活動形態を提供するには，生徒の実態を踏まえた授業運営を継続的に行う必要がありますが，特にICT機器の活用に関しては手応えを感じる授業実践ができたという実感が読み取れます。授業以外の場でも生徒との人間関係を大切にし，柔軟に学習形態を提供し続けている成果も表れてきたと判断できます。一方，生徒からは「わかりやすい」や「覚えやすい」など肯定的な意見が多く寄せられ，意欲的に取り組む生徒の姿を確認することができました。前年度1年次で指導した生徒を，2年次で継続指導していることもあり，生徒理解が進んでいることがこの取り組みの成果につながったと考えられます。今後も継続してICT機器の使い方や生徒指導を工夫し，英語学習に対する生徒の意欲や興味・関心を高めてくれることが期待されます。

2.3　中堅教員のケース

2.3.1　実践者について

　3人目の対象者は大学を卒業し，2年間の講師経験を経て本県の教員として採用され，前任校で6年間教育経験を積みました。本校に異動してから6年目で，通算の教員経験は13年です。2017年度は1年次の担任をしながら初任者の指導教員を担当しています。本校に赴任した年は全日制から定時制に切り替わる時期で様々な困難を経験しました。校内の諸事情で，指導に手の

かかる1年次の担任を繰り返し担当してきました。不登校を経験した生徒たちが多く，まずもって彼らを学校という集団生活の場に馴染ませるのは難しく時間がかかりました。順調に学級づくりができた年度もありましたが，そうでない年度もありました。入学する生徒の課題は毎年異なるので対処もその都度変わります。辛さを絶えず感じながら指導に当たっていたのではないかと思います。

　J-POSTLからは10の記述文を絞り込み，特に「語彙」「文法」の指導の工夫をすることにしました。併せて，「授業資料の入手先（ICT機器の活用）」と「教授法（リーディング)」にも着目し，年間を通して具体的な支援方法を探求することにしました。

2.3.2　指導方法の確立に役立った記述文

　選んだ記述文の数は多いようですが，教育経験から判断すると柔軟に対応することが可能であったと考えられます。表4は「文法・語彙」と「リーディング」における授業改善に対する自己評価の結果です。いずれも2017年9月と翌年1月の2回行っています。

　文法と言語活動を関連づけた指導に関しては十分な成果をあげることができませんでした。一方，語彙指導は本人がもっとも重視した記述文で，2つとも自己評価が向上しています。単語テスト等により語彙をテキストの文脈と切り離して覚えさせる指導が組織的に行われることがよくあります。しかし，語彙の意味は文脈によって決まります。そのことを表現している記述文を踏まえた指導を行ったために，成果が体感できたのだと思います。

　リーディング指導では，生徒の興味・関心を高めることの大切さが十分理解され，試行錯誤を経て一定の指導方法が確立されてきていると思われます。読む前に教材に興味を持たせたり，スキーマを活性化させたりする指導の工夫は，同じ生徒たちを指導した経験がある者としては共感できるところです。

表4　中堅教員の文法・語彙とリーディング指導の自己評価

選んだ自己評価記述文	1回目	2回目
文法は，コミュニケーションを支えるものであるとの認識を持ち，使用場面を提示して，言語活動と関連づけて指導できる。[J-Ⅱ-E-2]	3	3
文脈の中で語彙を学習させ，定着させるための活動を設定できる。[J-Ⅱ-F-1]	3	4

学習者が新出語彙を音声・文字表現の中で使用できるようになるための活動を設定できる。[J-Ⅱ-F-4]	3	4
学習者が教材に関心が向くよう，読む前の活動を設定できる。[J-Ⅱ-D-2]	3	4
学習者が文章を読む際に，教材のトピックについて持っている関連知識を使うよう指導できる。[J-Ⅱ-D-3]	3	4
文章に応じて，音読，黙読，グループリーディングなど適切な読み方を導入できる。[J-Ⅱ-D-4]	3	3
リーディングとその他のスキルを関連づけるような様々な読んだ後の活動を選択できる。[J-Ⅱ-D-7]	3	3

　一方，課題を残したリーディング指導もあります。文字を音声化するのを苦手とする生徒が多い中で「文章に応じて」「適切な読み方」を導入するのは容易ではなく，特に黙読については，本当に黙読しているのか確認するのは非常に困難です。また，リーディング活動からスピーキングやライティングにつなげることができるのは，リーディング活動での十分な理解が前提です。対象となる生徒はその指導さえ難しい生徒たちです。この記述文を選択し，半年近く格闘したことに対して敬意を表し，今後も生徒の困難点を注意深く見極め一人ひとりに的確なアドバイスを与えながら，この挑戦を続けてくれるよう願っています。

2.3.3　苦手を克服するために挑戦した記述文
　表5は苦手なICTを活用した指導に挑戦するために選んだ記述文に対する自己評価結果です。

表5　中堅教員がICTの活用に挑戦するために選んだ記述文

選んだ自己評価記述文	1回目	2回目
学習者に適切なICTを使った教材や活動を考案できる。[J-Ⅲ-8]	3	4
学習者のために適切なICT教材を利用したり，評価できる。[J-Ⅲ-9]	3	3
学習者の能力や興味・関心に応じて，適切なICTを使った教材を選び，活用できる。[J-Ⅲ-10]	3	3

　もともとあまりICTの活用に自信がなかったようでしたが，他教科も含めて，タブレット型PCを授業で活用している教員が少なくないという環境の中で刺激を受けチャレンジしました。中堅以上の教員が苦手とする分野に挑戦することは，他の教員にも影響を与え，教育現場の活性化につながりま

す。ICT機器利用の工夫によって「語彙」や「リーディング」に良い効果が表れたと本人は振り返っています。

3. 実践のまとめと成果

　生徒の実態を把握し，指導の難しさや苦しさを経験している教員が推進役になり，教員経験が異なる3人の英語教員がJ-POSTLという共通ツールを用いて教育実践を振り返りながら指導力向上に取り組みました。3者とも自分の取り組みを「振り返ることができた」ことを評価していましたが，初任者は「評価の観点が多すぎたかもしれない」という感想も述べていました。教員になりたての意気込みが強く出たのでしょう。半年程度の短期間による実践であっても，J-POSTLという道標の働きをするツールがあったため，共通の話題として情報交換し，何を意識すればよいのかを明確にして，自ら成長しようとする意欲を高めることができました。英語教員としての長いライフステージを視野に入れ，指導力向上を図る気持ちは重要です。どの学校に勤務しようとも，J-POSTLを用いて取り組んだ経験は生かすことができるものであると思います。

　また，筆者を含め4人で取り組んだ内容は，目標としていた「言語教育EXPO 2018」で発表することができました。筆者が全体像を発表し，3人の授業実践者がJ-POSTLを用いた授業改善の取り組みについて報告しました。発表は無事終わり，全員が達成感を味わうことができました。年度末には筆者を含め2人が異動となり，4人のチームは解散となりましたが，英語教師としての成長につながる実践であったと考えています。

4. 新たな実践の試みと課題

4.1　取り組みの概要

　筆者が新しく赴任した高校では，校長の立場から4人の英語担当教員（20代から50代の各世代）にJ-POSTLの活用を促しました。いずれの教員もコミュニケーションが取りやすく，率直に意見交換ができるタイプで，生徒も素直で教員の指導をよく吸収する環境です。このような環境であっても，教員らはより良い授業展開を目指し意欲的でしたが，J-POSTLを用いて授業改善をするには至りませんでした。

　年度が変わり，30代前半の教員は人事異動で転出し，代わりに40代後半の教員が赴任してきました。その教員にもJ-POSTLを渡し，内容を説明しま

した。しかし，J-POSTLを用いた取り組みはすぐには軌道に乗りません。公立学校には異動がつきものであり，一度構築された体制でも，人事異動があると再構築が必要です。どこに異動してもJ-POSTLがあるという状況になることが期待されます。例えば，毎年すべての教員が年度目標を自己申告する際，J-POSTLの自己評価記述文を使って，管理職や同僚と話し合いながら目標を設定し成長を確かめ合うという協働的システムを採用することは英語科教師全員の着実な指導力向上に必ずや寄与することでしょう。

4.2　今後の課題

　学校運営に関して幅広い権限と責任が与えられている校長は，教頭以上に教員との距離感があるため，助言も慎重さを求められます。早急な結果を求めて，J-POSTLの使用を強く推進することは逆効果になる恐れもあります。あくまで内発的動機づけを大切にし，様々な研修の機会や方法を伝えながら，時間をかけて無理なくJ-POSTLを意識させ，力量向上の方向に教員を持っていきたいと考えています。そのためには，今後も管理職というより同じ英語教師としての視点から同僚性を活かしてJ-POSTLの良さを自然に伝え，その利用を働きかけていきたいと思います。社会に出て生き抜いていく力，なかでも英語の学びを通じて生徒の「生きる力」を育てるために，教員集団の指導力向上を支えていきたいと思います。

2. 公的教員研修における活用

小出文則

　横浜市の高校英語科教員研修を中心に，他教科の教員研修における J-POSTL の活用についても紹介します。英語科教員研修では，研修のねらいに応じた自己評価記述文を介在させることで，参加者同士の話し合いが活性化しました。また，他教科での活用においても，参加者一人ひとりの考えを共有することに成功しました。この結果，J-POSTL は教科を問わず研修における協議の促進に有効であることが認められました。学校現場においても，メンターの存在や管理職の理解などの環境が整えば，英語授業の改善ばかりでなく，カリキュラム・マネジメントに寄与することも期待されます。

〈キーワード〉協働的な教員研修，カリキュラム・マネジメント，研修意欲の継続

1. 背景

1.1 横浜市の英語教員研修の概要

　横浜市教育委員会では，2012年から横浜市立大学プラクティカル・イングリッシュ・センター(以下 PE センター) と提携して年3回の英語科教員研修を行っています。市立高校教員を対象として，年1回実施しているワークショップ型の夏季研修と県立高校の教員も含めた年2回（6月と11月）の研修です。それぞれ1日の研修で，夏季は市立高校から各1名，6月と11月は市立高校からの10名に加え，県立高校からの希望者も10名ほど参加します。

以上が，教育委員会の高校教育課で行う研修です。中学校英語教員に対しては，1年間のPEセンターでの派遣研修が2014年度から2016年度まで実施されました。また，2014年度から2019年度まで文部科学省による英語教育推進リーダー中央研修参加者による域内研修も実施されました。英語科教員以外では，教職員育成課が企画・運営する年12回の臨時的任用職員・非常勤講師を対象とした授業づくり研修が行われています。

1.2　筆者について

　横浜市内の中学校に13年間勤務し，2014年度に派遣教員として横浜市立大学のPEセンターで1年間の研修を受けました。本書第1章第3節（p.39）でその詳細を報告していますのでご参照ください。2015年度から横浜市教育委員会の英語科指導主事として勤務しています。主に，生徒の英語によるコミュニケーション能力の向上に係わる事業や，英語科教員研修を担当しています。

▌2.　夏季教員研修でのJ-POSTLの活用

2.1　研修の概要

　夏季教員研修は8月初頭の1日をかけて，市立高校から英語教員が1名ずつ参加して実施されています。当初は学習指導要領の改訂の流れを受け，「英語の授業を英語で行うためにはどうすればよいか」をテーマにしていましたが，現在では，「生徒の言語活動が授業の中心となる指導法」を探求することが主な課題となっています。

　研修では，大学教員による小講義（テーマは，PEセンターの方針であるコミュニケーション重視，オール・イングリッシュと学習者中心の授業，など）とPEセンターのインストラクター（センター専属の英語指導員）による模擬授業を午前中に行います。午後には参加教員による模擬授業，その内容や教授法に対するディスカッションと講評などを実施します。参加教員は事前課題として，夏休み明け以降に実施する予定の指導案を作成してくることになっており，当日は25分程度の模擬授業を行います。また，事後課題として実施した授業についての報告書の提出が課せられます。

2.2　J-POSTLを用いた話し合い

　2018年8月に実施した研修においてJ-POSTLを利用した事例を紹介しま

す。この時の参加教員は 8 名でした。午後の参加者による模擬授業終了後，ディスカッションの時間のうち30分程度を，J-POSTL を用いた話し合い活動としました。J-POSTL を知っている参加者がいなかったため，最初の10分程度でその理念や省察の意味，活用方法などについて概要を説明してから，10分程度の話し合いを 2 回に分けて行いました。

　1 回目では，次の記述文を設定して， 8 名を 3・3・2 名の 3 組に分け，話し合ってもらいました。

・教科横断的な内容，あるいは様々な教科の内容を英語で教えることができる。[J-Ⅳ-B-11]

　この記述文を選んだ理由は，カリキュラム・マネジメントの 3 つの側面の 1 つとして，中教審の答申で「各教科等の教育内容を相互の関係で捉え，学校の教育目標を踏まえた教科横断的な視点で，その目標の達成に必要な教育の内容を組織的に配列していくこと」が挙げられていたからです。つまり，各学校での取り組みについて情報交換をする狙いがありました。

　参加者からは「教科書の題材に応じてゲストスピーカーを招き，詳しい話を聞くという授業を行ったことがある」「他教科の教員に専門分野について話をしてもらった」というような取り組みを進めているという報告がありました。一方，「英語の授業で他教科の内容を英語で教えるということはなかなか考えにくい」という声もありました。

　学習指導要領が目指すカリキュラム・マネジメントの視点から捉えると，既に他教科と連携し授業計画の立案・実践を進めている学校が多く，教科横断的な授業づくりへの意識が芽生えつつあるようです。一方で，そういった発想に若干の距離を感じているらしい教員の様子も窺い知ることができました。このように，J-POSTL の記述文を使った話し合いと省察の効果として，共通の記述文を基に学校ごとの状況が共有されることでカリキュラム・マネジメントの改善意識が醸成されることが可能となります。なお，CLIL（内容言語統合型学習）については，小学校での外国語教育では応用の可能性はあるが，高校では難しいのではないか，という意見も出されました。しかし，今後このような「話し合いと省察」を核とした研修を継続していけば，中学校や高校で日本型 CLIL の実践が生まれてくることも期待されます。

　2 回目の話し合いではスピーキング活動，ライティング活動，リスニング

活動，リーディング活動などの項目から，参加者が模擬授業で中心的に取り
扱った活動について，まずは各自で自己評価記述文を選び，それを各組で検
討し絞り込み，組ごとに話し合う記述文を決めました。ある組はスピーキン
グ活動の中から，次の記述文を選びました。

・スピーキング活動を促すような視覚補助教材，印刷教材，オーセンティッ
　クで多様な教材を選択できる。[J-Ⅱ-A-7]

　これまでの授業で英字新聞を使用した取り組みをしたことがあるという話
が報告されました。本研修でも PE センターのインストラクターによるデモ
レッスンの中でも英字新聞を用いた活動が紹介されました。参加者は，この
2 つの事例から，英字新聞は比較的取り組み易いオーセンティックな教材で，
研修のデモレッスンで示された活用方法を参考にして今後の授業に取り込ん
でいこうという意欲が生まれたようでした。
　本研修後に参加者は研修の成果を踏まえた授業を実施し，その実践報告書
を提出することになっています。提出された報告書の中には，授業改善のた
めに自己評価記述文を取り入れるなど，自発的に J-POSTL を活用している
例も若干見ることができました。時間が短く，十分な研修とは言えませんで
したが，J-POSTL の有効性に気づく教員が出たことは実践者にとっては心強
い成果であったと考えています。

3. 11月の研修での J-POSTL の利用

3.1　研修の概要

　2012年度から始まった本研修のうち2018年11月に行ったものを紹介します。
　研修は午前10時からはじまり，30分のオリエンテーションの後，PE セン
ターでの英語授業（横浜市立大学の学生を対象とし，PE センターのインス
トラクターによる，すべて英語で行われるコミュニカティブな授業）を90分
見学します。昼食後は 2 時間～ 2 時間半程度の時間を使って，見学した授業
のインストラクターと質疑応答，参加者同士でのディスカッションを行いま
す。今回はこのディスカッションの時間のうち30分を利用して，J-POSTL の
自己評価記述文を取り入れた話し合いを進めました。

3.2　J-POSTL 記述文をテーマにしたディスカッション

　参加者は19人で，5 グループに分かれ話し合いました。自己評価記述文は主催者から特に指定せず，グループのメンバーが話し合い適切な項目を取り上げる形式を取りました。今回の PE センターでの授業はリーディングを中心とした内容でした。従って，ディスカッションのテーマとして J-POSTL の記述文も当然リーディング活動から選ばれました。筆者が一部参加した 2 つのグループでは，それぞれ下記の記述文を選んで話し合いました。

グループ 1：主な話題は以下の記述文でした。
・学習者が教材に関心が向くよう，読む前の活動を設定できる。[J-Ⅱ-D-2]

　この記述文を選択した理由は，メンバーの間で自己評価が 1 と 4 に分かれたためです。1 を選択した参加者は，「リーディングの前に言語材料としてキーワードのみを提示し，それを使って生徒に自分のことを言わせるという活動しかしていなかった。教材の背景と生徒の知識を結びつけ，彼らの関心を引くような活動をしなかったので 1 にした」と述べました。
　一方，4 を選択した参加者は，「最初に内容に興味を持たせないと生徒が飽きてしまうので，教材内容の導入に 1 時間を使い，その中で教材のテーマに関して知っていることを述べ合ったり，ディスカッションをしたりする活動を入れていることから 4 とした」と説明しました。
　最後に，センターの指導教員から，「現時点では 1 をつけている先生でも，この話し合いを通して，同僚からアイデアを聞くことで新たなヒントを得ることができたのではないか。今は 1 だが，今後授業改善を行うことで，3 や 4 という自己評価に変わるかもしれない」とのコメントが加えられました。

グループ 2：以下の 3 つの記述文が選ばれました。
・文章に応じて，音読，黙読，グループリーディングなど適切な読み方を導入できる。[J-Ⅱ-D-4]
・読む目的（スキミング，スキャニングなど）に合わせ，リーディング・ストラテジーの練習と向上のために様々な活動を展開できる。[J-Ⅱ-D-5]
・学習者に難語や新語に対処する様々なストラテジーを身につけさせるよう支援できる。[J-Ⅱ-D-6]

　選択した記述文に書かれていることがよくわからない，という意見が多かったため，話し合いました。「参加者同士の自己評価がいずれも低かったため，具体的なアイデアが出てこなかった」「黙読が必要とされる場面とはどのような場面か」「リーディング・ストラテジーとは具体的にどのようなものだろうか」という疑問が出されました。これらの記述文レベルは，いずれも教職課程の履修生か初任教員に求められる資質・能力として設定されています。参加者のこのような反応から判断すると，J-POSTL が想定している授業と，現実に行われている授業との落差が大きいことに気づかされます。今後はこの現実を踏まえて，指導技術に関する研修を計画する必要があると考えさせられました。

4. 他教科の教員への応用

4.1　研修の概要

　続いて，英語科以外の教科の教員に J-POSTL を利用してもらった事例として，「臨時的任用職員・非常勤講師を対象とした研修」を紹介します。

　この研修は教員としての資質・能力の向上を図ることを目的として実施されています。実施の主体は教職員育成課という部署であり，年12回の研修が計画されています。基本的には校種を問わず行っているものですが，第6回と第11回は校種別に「授業づくり・学級づくり」の研修を行うこととなっており，筆者はこのうち高校教員を対象とした研修を担当しました。

　本研修に参加したのは高校で指導している臨時的任用職員・非常勤講師の3名で，担当教科は工業，商業，理科です。筆者の担当時間は，1時間半で，最後の15分でまとめと感想の記入，事務連絡となっていました。この時間設定で J-POSTL をワークショップ形式で利用してみました。

4.2　J-POSTL を用いた活動

　研修の冒頭，「振り返りを通して成長する」というのが今回のテーマであることを参加者に伝えました。その手順として，前半と後半に分け，前半は，全体の流れの説明（10分），ワークシート（図1）の記入（10分），そのワークシートを使った話し合い（20分）で終了としました。後半は具体的にJ-POSTL の15の自己評価記述文を提示し，各自が記述文を使って自己評価（10分），各自の自己評価に基づく全体での話し合い（20分），最後にまとめとして各自の授業の課題と課題解決のための仮説を書いてもらいました。

まず，前半で使用したワークシートはJ-POSTLの「自分自身について」のセクション（pp.14-15）を利用して作成したものです。J-POSTLの「英語の指導について」という項目を「担当する教科・科目の指導について」と表現を変えています。参加者が3名と少なく，話し合いも短時間で進んでいくものと想定し，この項目を記入する時間を5分，話し合いを10分と見込んでいました。しかし，実際には想定を超え，話し合いは活発なものとなり倍以上の時間を要しました。

次の項目については，原本は「英語教師の資質能力について」ですが，各参加者が自分の教科を記入するよう「(　　) 教員の資質能力について」と

よりよい授業づくりを目指して

～振り返りを通して成長する～

1．担当する教科・科目の指導について

これまでに行ってきた担当教科・科目の指導を振り返り、良かった、あるいは改善が必要と思う教え方や授業内容や方法などを自由に記述してください。

a)良かった内容と方法

b)改善を要する内容と方法

2．(　　　　) 教員の資質能力について　(　　) 内は自分が担当する教科・科目

(　　　　) 教員として大切な資質能力は何だと思いますか。例を参考に書き加えてください。

また、それぞれの項目はどれくらい重要ですか。重要度を５段階（5-重要である、4-まあまあ重要である、3-どちらともいえない、2-あまり重要でない、1-重要ではない）で判断してください。

例

	項　目	重要度
1	同僚と協調して授業や職務を遂行できる	5　4　3　2　1
2	学習者との関係を良好に保ち、学習支援ができる	5　4　3　2　1
3	文法を説明することができる	5　4　3　2　1

	項　目	重要度
1		5　4　3　2　1
2		5　4　3　2　1
3		5　4　3　2　1
4		5　4　3　2　1
5		5　4　3　2　1

図1　ワークシート

変えて，5項目程度記入してもらいました。時間の関係で，例に倣い必要と思われる資質能力とその重要度を参加者に発表してもらうかたちで終了しました。

　このように，「自分自身について」のセクションだけでも，話し合いの機会を設定すればかなりの時間が必要であることが分かりました。各学校で使用する場合には，指導教官や教科主任などが適切に時間を設定し，内容を深めることが必要となります。

　研修時間の後半は，具体的に自己評価記述文を使ってJ-POSTLを体験してもらいました。記述文は各科に共通すると考えられる，「教育環境」「授業計画」「授業実践」の分野からそれぞれ5つ程度の記述文を選び，合わせて15の自己評価記述文を引用しました。まず，10分ほどで参加者に自己評価をしてもらい，話し合いを始めましたが，結果的に，1つの記述文だけで予定時間を使い切ってしまいました。その記述文は以下のものでした。

・学習者の集中力を考慮し，授業活動の種類と時間を適切に配分できる。[J-V-A-2]

　この自己評価記述文について，参加者の1人から「生徒の集中力を維持する工夫について苦労している。良い方法を教えて下さい」という質問が出されました。この質問に対して，「10分程度ごとに活動を変える」「生徒にゲーム感覚の課題を与える」「教師の話はできるだけ短くし，生徒同士で話し合わせる」など多くの取り組みが紹介され，結局この記述文だけで話し合いの時間が終わってしまいました。教科は異なっても，教員にとっての共通の話題を話し合い，効果的な対応策を模索することができ，また，自分の取り組みを振り返る良い機会となりました。

4.3　今後の課題

　他教科の研修の場面でJ-POSTLを応用するという実践によって見えてきたことがいくつかありました。特に，今回は初めての経験ということもあり，研修時間の配分に見通しの甘さがありました。J-POSTLの記述文を利用した話し合いは，想定以上に時間がかかるということです。現場で格闘している教員は，それぞれの環境で様々な課題を抱えています。それらの課題を共有し，解決策を考えるうえで，J-POSTLの記述文は有効であることを認識した

うえで，今後は研修時間に J-POSTL を組み込む場合には，時間配分を十分考慮したいと考えます。

　筆者の課題として時間配分以外に次の 3 点が挙げられます。

① 今回の J-POSTL 記述文の試行的な導入で，英語科以外の教員にも有効であることが分かった。今後は精査し，他教科の先生方にも有効な記述文に絞ってから研修を設定していくことが必要である。

② J-POSTL を継続的に利用できるようにするためには，新たな研修企画が必要である。その時間を確保するためには，教職員の負担軽減を考慮する必要がある。教員が独自に職場内で J-POSTL を継続利用したくなるような研修を実施できるように更なる工夫が必要である。

③ 他教科での利用の場合，専門的な内容についての振り返りには各教科独自の自己評価記述文も必要である。今回は J-POSTL の汎用的な内容が有効であったが，どの教科にしても振り返りの機会を作っていくことがカリキュラム・マネジメントの観点では必要である。

5. まとめ

　本稿では，公的教員研修で J-POSTL を取り入れた事例を紹介してきました。英語科教員研修では，研修を実施する側が研修の狙いに応じて自己評価記述文を指定することもできるし，参加者に選ばせることもできます。いずれにしても，J-POSTL は参加者同士の話し合いを促進させるきっかけとしての役割と，意欲を引き出す内発的動機づけのツールとなることが明らかになりました。研修で J-POSTL の使い方を紹介したことで，研修後の授業でも自己評価記述文を用いて授業を振り返った参加者がいました。つまり，研修によって動機づけられ，その後も継続的に振り返りのツールとして利用しているものと考えられます。一方，今回の研修での利用は試行的なものであるため，省察や話し合いの結果が参加者の授業改善にどのようにつながったかという点についての検証は十分ではなく，今後の課題と言えます。また，英語以外の教科・科目での応用に関しては，各教科・科目の専門性を高めるための振り返りツールの開発が期待されるところです。

3. 授業評価の観点づくりにおける活用

高橋 聡

J-POSTL の自己評価記述文を利用して作成した授業観察・評価の観点（ルーブリック）に関する 2 つの事例を紹介します。1 つは，東京都外国語科教員等の海外派遣研修の参加教員の一部が研修の事前・事後に行う授業に対する観察の観点であり，他方は，国際バカロレア（IB）認定校における全教員対象の授業観察シートの評価の観点です。これらの観察・評価の観点では，J-POSTL の記述文に含まれる指導理念や概念を咀嚼し，それぞれの状況に適応するように文言が作成されました。その結果，ルーブリックに対する反応は良好で，記述文によっては英語科以外の教員にも応用可能であることがわかりました。

〈キーワード〉海外派遣教員，IB 教員，ルーブリック

1. 背景

1.1 筆者について

東京都立高等学校の教員として約30年間勤務し，管理職候補者試験受験後，2014年に東京都教育庁指導部高等学校教育指導課国際教育班の指導主事となりました。指導主事として 1 年目は，東京都の英語教育改革を進めるため，英語教育戦略会議の開催，語学指導等を行う外国青年招致事業（The Japan Exchange and Teaching Programme：JET）の東京都立高等学校等への導入，外国人英語等指導助手（以下 ALT）の都立高等学校・中等教育学校全校へ

の配置と授業での活用等を担当しました。1年目には東京都外国語（英語）科教員等の海外派遣研修の担当となり，派遣教員の選考，事前・事後の授業観察実施，事前研修の企画・実施，現地教育機関での研修の実地踏査と研修視察の実施，事前・事後の英語能力試験や英語教授法テストの実施等を行いました。

　また，東京都教育委員会の指導主事としての2年間を経て，2016年に都立国際高等学校国際バカロレア（IB）コースの担当副校長を拝命しました。英語教員を含む6人のさまざまな教科の専任教員は，全員英語で授業や会議ができる英語力があり，日本語（国語）以外の科目は授業を英語で行います。15名の市民講師は，特別に常勤に近い形式の勤務形態で雇用しており，IBコースの生徒指導，学習指導，評価の入力，進路に係る書類作成補助，ケース会議への参加等，専任と協働で職務に従事しており，その契約，勤務計画，勤務状況の確認と報告，業績評価を副校長が行います。校長の授業観察を年間で2回実施しており，その際に毎年ルーブリックを作成して教員に事前に示し，それに基づいて授業評価を実施します。

1.2　J-POSTLとの関わり

　指導主事になる前に，高等学校で勤務していた時，J-POSTLの記述文について現場教員としての意見を求められたのをきっかけに関心を持ちはじめました。その後，勤務校や都教委でCan-Doリストを作成する際や，JET招致青年100名を東京の都立校に配置する際に，研修で使用するルーブリックを作成する場面でJ-POSTLを踏まえることとしました。J-POSTLは教師個人の省察ツールであり，評価ツールではないことは承知していましたが，授業における伝統的な作法や最新の教授法がバランスよく掲載され評価の観点を作成する際の参考資料としても非常に有用であると認識したのがその理由です。本稿では，その後の上述2例を紹介します。

1.3　海外派遣教員研修
1.3.1　概要

　本研修は，東京都の外国語（英語）科の教員140名を対象とし，2014年度から実施されています。目的は以下の2点です。

・最新の英語教授法を学び，自らの教科の指導力を高めると共に，異文化理解を進め，生徒の英語力の向上と国際理解の推進に還元する。

・研修の成果を自校のみならず，地域の教員に広め，英語指導力の向上を図る。英語の授業を英語で行うための英語運用能力と指導力の向上を図る。

　派遣期間は，当初は3か月でしたが，2015年度からは10週間になっています。派遣者の選別方法は，都立校の場合は校長，区市町村の場合は各教育委員会の推薦によります。

　2018年7月時点での派遣先の実績は，アメリカではカリフォルニア大学アーバイン校，オーストラリアではクィーンズランド大学，ニューサウスウェールズ大学，マッコーリー大学，カナダのブリティッシュコロンビア大学，ニュージーランドはクライストチャーチ語学学校となっています。研修先では，能力に応じた TESOL (Teaching English to Speakers of Other Languages：英語教授法) の学習法，実践的な英語力のスキルアップ，現地校・教育機関等の視察，海外の伝統・文化，生活様式等の調査・研究，ホームステイを通しての生活・習慣・文化等の体験などが主な活動です。

1.3.2　参加者に与えられる課題

　海外研修の参加者には，事前・現地・事後にそれぞれ次の課題が課されています。すなわち，事前に，オンラインによる TESOL の受講，オリエンテーションへの参加，TKT (Teaching Knowledge Test：英語教授知識認定テスト)・IELTS の受験，そして管理職による授業評価を受けることです。現地では，週当たりの計画書と報告書を提出し，研修開始時と研修終了時に現地教員による授業評価を受けます。これらを通して，現地での認定証・修了証に評価が明示されます。さらに，事後には，TKT・IELTS の受験と，管理職による授業評価を受けます。こうしたステップで，海外研修の成果が検証されます。

▌2.　海外派遣教員の授業観察・評価の観点

2.1　授業観察

　授業観察は，海外研修の成果を検証するための一環として行われます。観察の対象者は140人中の20人で，勤務する高等学校あるいは中学校（当時はその2校種のみ派遣），地域，性別，英語力等を考慮し，東京都教育委員会が選定，各校の校長を通して依頼し，同意を得た教員です。事前・事後の授

業観察は，勤務校での実地観察と，授業映像を記録したビデオを基に，東京都教育委員会の指導主事が計画し実施します。観察・評価者は「海外派遣研修事前・事後授業観察報告シート」を用いて評価しますが，その観察・評価の観点は，J-POSTLの自己評価記述文を参考に作成したルーブリックです。

　研修中の授業観察においては，研修先（大学，語学センター）が独自に作成した授業評価シートに基づいて評価を行います。方法は，現地の学生を生徒にして行う模擬授業と，研修初期と研修終了時に参加者を生徒にして研修先で行う授業をそれぞれ現地の研修指導教員が評価します。また，授業を録画し，研修や個別評価の際に活用します。

2.2　授業観察の観点の作成

　教員20人の授業評価を複数の評価者で客観的に行うには時間とエネルギーを要します。そのため，評価項目はできるだけ絞り，研修の目的に沿い，的を射たものにする必要があります。そこで，主としてJ-POSTLの「Ⅴ 授業実践」分野の記述文に注目しました。他の分野にも関連した項目は多数見られますが，「授業実践」の分野には，授業の開始から導入，教授，練習，展開，定着，まとめなどの手順の設定や，学習者や学習内容への配慮，授業運営と英語を使った授業展開など，研修の授業観察の目的に対応する記述文が並んでいます。検討の結果，次ページの表1の左欄（1）～（8）が観察・評価の観点で，右欄は参考にした記述文です。それぞれの項目はA～Dで評価しました。

　さらに，記述式で派遣前に本人から聞き取った「現在の課題，派遣研修に期待すること」，派遣先教育機関担当者からのコメント（良かった点，改善点，活用すべき指導技術等），勤務校の管理職からのコメント等を記録しました。

2.3　成果と課題

　この海外派遣研修は，最新の教授法を修得させるとともに，その国の文化の理解を深めさせることを通して，派遣教員の指導力を向上させ，都内公立学校の生徒の英語によるコミュニケーション能力の向上に資することを目的としています。また，研修の成果を自校のみならず，自地区の他の教員に広め，英語の指導力の向上を図る狙いもあります。そのための研修前後の授業観察であり，ほとんどの参加者は，英語で授業をするための英語力と授業力を身に付けて帰国するため，ルーブリックは一定の妥当性が認められると考

表1　観察・評価の観点とJ-POSTL自己評価記述文

観察・評価の観点	参考にした主なJ-POSTL記述文例
(1) 授業の開始時に本時のねらいを伝えている。	・学習者の関心を引きつける方法で授業を開始できる。[J-V-A-1]
(2) 学習意欲を高める効果的な導入を行っている。	・学習者の意欲を高める目標を設定できる。[J-IV-A-3]
(3) ペアワークやグループワークが取り入れられている。	・個人学習，ペアワーク，グループワーク，クラス全体などの活動形態を提供できる。[J-V-D-1]
(4) ICTを効果的に活用している。	・ICTなどの教育機器を効果的に活用できる。[J-V-D-4]
(5) 授業のねらいに沿った教材を使用している。	・学習者に適切な教材や活動を考案できる。[J-III-5]
(6) 授業の終了時に本時の振り返りを行っている。	・本時をまとめてから授業を終了することができる。[J-V-A-4]
(7) 日常生活との関わりを授業に取り入れている。	・授業内容を，学習者の持っている知識や身近な出来事や文化などに関連づけて指導できる。[J-V-B-1]
(8) ほぼ英語による指導を行っている。	・学習者が授業活動において英語を使うように設計し指導できる。[J-V-E-2] ・英語の教科内容や学習の方法などを，英語を使って指導できる。[J-V-E-5]

えています。現地での研修期間中に授業者には現地講師からもフィードバックが行われます。研修生からは，「ルーブリックを足がかりに取り組み，講師陣からもアドバイスも受けることで自分の改善点が分かり，日々の授業にそれをつなげている」「自分が今まで教えてきた経験と照らし，教えることの奥深さを確認することができた」等の肯定的な評価が多くみられます。

　今後の課題としては，現地研修期間でみえてきた研修生の課題を詳細に分析し，J-POSTLとの整合性を考慮しながら，さらに適切で妥当なルーブリックを事前に研修生に示し，授業観察を実施することが挙げられます。ルーブ

リックが精査されれば普段の自己の授業の振り返りや管理職等による授業観察にも応用ができると考えられます。

3. 国際高校 IB コースでの授業評価の観点

3.1　都立国際高校国際バカロレアコースの概要

　都立国際高校は2015年5月に海外大学への進学資格が取得できる国際バカロレア（IB）のディプロマ・プログラム（以下 DP）認定を受け，2016年度2学年より DP を実施しています。探究心をより一層培うとともに，高い知性と幅広い教養，自らの意見を的確に発信する力，鋭い国際感覚，豊かな人間性を育成し，国際社会で尊敬され信頼される人材を育てています。

　本校の国際バカロレアコースでは，1年目は学習指導要領上の必履修科目の多くを英語で学び，2，3年目で DP の科目を学習します。1年生は1単位時間を45分，2，3年生は DP 科目のみ1単位時間を50分とした授業を行っています。

　1年次では，2年次からの DP 科目の学習に向けて，国語，家庭，美術，体育，保健以外の科目を英語で学びます。ここでは課題探究型，双方向的，生徒中心の授業を行っており，教員は授業ではファシリテーターとしての役割を果たします。批判的な思考力を養うとともに，情報を伝えるだけでなく分析して判断できる力を身に付けることを目指します。授業では，コミュニケーションと学び合いを重視し，知識の獲得だけでなく，学び方を学ぶことにより，思考力やコミュニケーション能力の他，協同する力，自己管理能力，リサーチ能力などのスキルの獲得を目指します。

　2年次，3年次では，DP の科目を学習します。本校の DP では，日本語科目を除く全ての科目を英語で学習します。生徒は6つの教科グループからそれぞれ1科目を選択します。その際，Higher Level（発展レベル，HL）と Standard Level（標準レベル，SL）を3科目ずつ選択することとなります。

3.2　授業観察の目的

　授業観察は業績評価の一貫であり，教員の授業力を評価，記録し，自己申告書に基づく校長面接の際にフィードバックすることで，授業改善に役立てることを目的にしています。具体的には，全教員対象の授業観察ルーブリックを作成し，予め教員に配布します。評価もそのルーブリックに基づいて行われます。

3.3　ルーブリック作成の観点

　生徒主体で双方向的な授業を実践し，批判的思考力を身に付け，深い学び
を導く授業が実践できているか，という観点から作成します。外国人の市民
講師も12人在籍しているため，英語でも作成して事前に示します。外国人の
市民講師には，日本の授業の作法（最初の挨拶や飲み物・食べ物を机上に置
かないなど），個人情報の取り扱い，課題の確実な返却について説明し，理
解を求めています。また，「活動あって，学びなし」ということがないように，
活動後の発表や成果物の回収・評価，振り返りの実施，次回の授業内容や課
題の明示等，何ができるようになったかなどの技能習得の観点を意識するよ
うに校長面接で指導します。ルーブリック作成にあたってはJ-POSTLの記
述文を参考にし，英語教育にかかわらず最新の指導法や教育機器の活用等に
ついて盛り込みました。

3.4　評価項目とJ-POSTL記述文との対応

　授業観察の観点を7つのカテゴリーに分け，その下位に1～6項目の視点
を設定しました。7つのカテゴリーは，外国人教員を意識した日本での授業
規律以外は，J-POSTL自己評価記述文の理念や原則を咀嚼して項目を立てま
した（図1）。本項では，カテゴリーごとに簡単な解説とJ-POSTLの記述文
との対応を紹介します。

1　授業規律
(1) チャイムと共に授業を始めているか。
(2) 机上に授業に必要のない物(ペットボトル，携帯等)が置いていない。
(3) 必要な教材，PC等持ってくるよう指導できているか。

　上述したように，このカテゴリーは(1)を除いて日本の学校文化や授業
規律に馴染みのない外国人教員のための視点です。J-POSTLとの関連では，
次の記述文が素地になっています。
・授業開始時に，学習者をきちんと席に着かせて，授業に注意を向かせるよ
　う指導できる。[J-V-C-1]

補　遺					
		平成30年度　授業観察シート			
実施日時	（　　　　）月（　　　　）日（　　　　）（　　　　）時限目（　　　：　　　～　　　：　　　）				
授業者		参観授業	FY ・ DP1 ・ DP2（　　　　　　）HL / SL		
生徒の様子					

		観察の視点		確　認	具体的な場面（証拠）
1	授業規律	①チャイムと共に授業を始めているか。			
		②机上に授業に必要のない物（ペットボトル、携帯等）が置いていない。			
		③必要な教材、PC等持ってくるよう指導できている。			
2	授業の学習者像の目的と認知	①その時間に目的とする学習者像を生徒に意識させている。			
		②授業開始時に本時の学習の目的を明確に示している。			
3	メタ認知的指導	①生徒の発言を促す効果的な問いかけを行っている。			
		②生徒と教員、生徒同士のやり取りが活発に行われている。			
		③批判的思考力を高める指導を行っている。			
		④コミュニケーション能力を高める指導が行われている。			
		⑤ICTを効果的に活用した指導をしている。			
		⑥授業の終わりに振り返りを生徒自身にさせている。			
4	自立した学習者育成	①情報を分析し、自ら課題を設定し、解決策を導くような指導を行っている。			
5	生徒同士の学び合い	①ペアワーク・グループワークを取り入れ、生徒同士で学び合う場面を設定している。			
		②生徒同士の相互評価等を活用している。			
6	学習への関与	①自発的な発言が無い生徒も学習に参加できるよう声かけを行ったり、教え方を工夫したりしている。			
		②生徒中心の授業展開を心がけ、教員はファシリテーターとして授業に関与している。			
7	振り返りの実践				
	改善点等				

図1　授業観察シート

> 2　学習者像と授業の目的の明示・周知
> (1) その時間に目的とする学習者像を生徒に意識させている。
> (2) 授業開始時に本時の学習の目的を明確に示している。

　当該時間の学習の目的やねらいなど，学習の見通しを立てて指導しているかどうかを観察する視点です。J-POSTL では，主に「Ⅳ 授業計画」の「A. 学習目標の設定」が素地になっています。具体的には次の記述文を参考にしました。
・年間の指導計画に即して，授業ごとの学習目標を設定できる。[J-Ⅳ-A-2]

> 3　メタ認知的指導
> (1) 生徒の発言を促す効果的な問いかけを行っている。
> (2) 生徒と教員，生徒同士のやり取りが活発に行われている。
> (3) 批判的思考力を高める指導を行っている。
> (4) コミュニケーション能力を高める指導が行われている。
> (5) ICT を効果的に活用した指導をしている。
> (6) 授業の終わりに振り返りを生徒自身にさせている。

　J-POSTL は「学び方を学ぶ」という学習観が基本理念の 1 つなので，メタ認知と関係する記述文が多数含まれています。生徒と教師，あるいは，生徒間のインタラクション，ICT の活用や自分の学習を振り返ることは，メタ認知能力を開発し，対話的で深い学びへと生徒を導きます。このカテゴリーでは主に「Ⅴ 授業実践」の分野の記述文が素地になっています。なお，[J-V-B-2] の記述文について，「言語材料」は言語教育の範疇ですが，それを「教材」と読み替えれば，言語教員以外の教員にも適用可能となります。
・学習者中心の活動や学習者間のインタラクションを支援できる。[J-V-C-2]
・授業中，学習者の注意をそらすことなく授業に集中させることができる。 [J-V-C-6]
・既習あるいは未習を問わず，学習者の習熟度やニーズに応じて，言語材料や話題を提供できる。[J-V-B-2]
・学習者の発表や学習者同士のやりとりを促す活動計画を立案できる。[J-Ⅳ-C-2]
・ICT などの教育機器を効果的に活用できる。[J-V-D-4]

・学習者に学習の振り返りを促す目標を設定できる。[J-Ⅳ-A-5]

> 4　自立した学習者の育成
> 　情報を分析し，自ら課題を設定し，解決策を導くような指導を行っている。

　このカテゴリーは J-POSTL の「Ⅵ 自立学習」の「A. 学習者の自律」とリンクしています。学習者が自分の学習に責任をもって取り組む能力の向上を目指す指導です。
・学習者が各自のニーズや興味・関心に合ったタスクや活動を選択するように支援できる。[J-Ⅵ-A-1]

> 5　生徒同士の学びあい
> (1) ペアワーク・グループワークを取り入れ，生徒同士で学び合う場面を設定している。
> (2) 生徒同士の相互評価等を活用している。

　いわゆる「協同学習」を取り入れているかどうかの視点です。この視点も J-POSTL には多く盛り込まれています。例えば以下の記述文があげられます。
・個人活動からペア・グループ活動，ペア・グループ活動からクラス全体など，状況に応じて学習の形態を柔軟に調整できる。[J-Ⅴ-A-6]
・学習者がクラスメイトと互いに評価しあうことができるように支援できる。[J-Ⅶ-C-2]

> 6　学習への関与
> (1) 自発的な発言がない生徒も学習に参加できるよう声かけを行ったり，教え方を工夫したりしている。
> (2) 生徒中心の授業展開を心がけ，教員はファシリテーターとして授業に関与している。

　(1) は個々の生徒への気配りや見取りで，いわゆるスローラーナーや学習障がいのある生徒への対応も含まれます。(2) は学習者中心の授業における教師の役割に言及したものです。

・学習者の様々な学習スタイルに対応できる。[J-V-C-4]

　特に英語の授業に限れば，次の記述文も参考になります。
・教室で使用されている英語の理解が困難な学習者に対して，適切な方法で指導できる。[J-V-E-3]
・学習者のニーズや活動の種類などに応じた様々な役割を果たすことができる（情報提供者，調整役，指導者など）。[J-V-D-3]

7　振り返りの実践

　J-POSTL は教員の省察ツールです。同時に，学習者に対しても，省察を促す指導や支援を重視しています。省察は「計画→実行→内省」のサイクルで1年に2〜3回程度行えばよいと考えられます。一方，普段の授業における「振り返り」は，その授業に対する学習態度・意欲・興味・関心や学習内容に関する理解の程度を確認するために行うものです。従って，授業の終了間際にリアクション・ペーパーを配布して書かせたり，教員が生徒に授業の感想や内容のポイントを問いかけたりすることになります。

3.5　成果と課題

　IB コースのディプロマ・プログラムでの授業観察への活用を通して，J-POSTL には，英語教員ばかりでなく他の教科の教員にも活用できる記述文が数多く含まれていることが分かりました。全ての教科・科目独自の専門性とは別に，特に，「Ⅳ 授業計画」と「Ⅴ 授業実践」の記述文には共通部分が多く，「Ⅵ 自立学習」では他教科でも応用できそうな貴重な記述文が含まれています。自己申告書の年間目標や計画の作成時に，J-POSTL の記述文を参考にすることも可能でしょう。

　今後，各教科の学習指導要領に沿って，授業観察シートに主体的・対話的で深い学びや批判的思考力への指標を検討して組み込む必要があると考えています。

4. まとめと教育的示唆

醍醐路子

1. はじめに

　前章までは，J-POSTL が教授法や評価などの観点からの授業改善ツールとして有効である事例を紹介してきました。本章では，J-POSTL が教員研修の推進ツールとして，また，授業評価の観点作りの参照ツールとして，その役割を果たしている事例を紹介しています。

　J-POSTL の自己評価記述文は，5 段階で評価ができるようになっていますが，その形態は矢印ブロックです（付録参照）。これは，たとえ「5. できる」の自己評価をしても，その先もまだ継続して自己の成長を図る必要がありますよ，ということをシンボリックに表現しているのです。教員養成課程を修了し，現職教員になった後でも，教職に就いている限り専門性を磨き続けるという理念は，原作の EPOSTL から踏襲したものです。この理念は，「生涯にわたって学び続ける教員」（文科省，2012；2015）として日本においても重要視されていることは周知のとおりです。

　本章における実践事例は，以上の継続的な研修を実現するためのガイドとして参照されることが期待されます。筆者は校長，副校長（教頭），指導主事という管理的立場にあります。しかし，いずれも教員としての同僚性を共有し，共に研修参加者の成長を願っていることがその実践で示されています。

2. 教員研修における J-POSTL 活用のポイント

2.1 「1. 校内自主研修における導入と継続」

　主な事例は，当時教頭であった宮本氏（以下筆者）が声をかけて，「初任教員」とその指導者（メンター）である教歴13年の「中堅教員」，及び，「3年次教員」の 3 人を対象に，J-POSTL の自己評価記述文を利用して行った校内研修です。3 年次教員は初任時に筆者の指導で J-POSTL を利用した経験があります。教員にとって学習指導ばかりでなく，生活指導面でも困難の多い学校環境での研修ですが，半年余りの研修を行っています。筆者は，多忙な教員が自ら J-POSTL を利用することのハードルの高さを考慮し，メンタ

一の心構えとして,「当該教員の状況をある程度把握し,教員としての成長を願い,親身になって使用を勧めないと,その教員がスタートラインに立つことは難しく,継続して使用することはさらに困難になります」と述懐しています。

本研修では三者三様の取り組みをしています。初任者は13もの記述文を選択し,3年次教員は5記述文,中堅教員は10記述文を選択しました。初任者の場合,記述文選択の傾向として,4技能の指導法が中心となっていますが,これは教員養成課程での経験を踏まえた選択であると考えられます。自己評価の変遷から,学習してきたことと現実とのギャップに戸惑っている様子を窺い知ることができます。筆者が「まとめ」で記述しているとおり,教員になり立ての意気込みが強すぎて,選んだ記述文の数と自己評価の回数が多すぎたようです。

一方,3年次教員は経験を積むに従い,状況に対応するために必要な指導力が増えたため,的を絞り切れていなかったようです。この教員に対する助言は,「日ごろの授業での取り組みから授業改善のテーマを定める」ということでした。その結果,ICTの活用による学習意欲の向上を目標としてJ-POSTLから5記述文を選択することになりました。そのうち4記述文はICTを使った教材や活動に関するもので,教室ではタブレット型PCを使用した問題演習を行っています。さらに,「**個人学習,ペアワーク,グループワーク,クラス全体などの活動形態を提供できる**」[J-V-D-1]を加えたため,柔軟な生徒指導が可能となりました。その結果,教員の自己評価はいずれも向上し,生徒からも肯定的な反応が数多く寄せられています。

中堅教員は語彙・文法の指導に焦点を当ててJ-POSTLから7記述文を,さらに,あまり自信のないICTを使った活動に関する記述文を3つ選びました。選んだ記述文の数は初任者のように多めといえますが,見通しを立て,チャレンジ精神をもって授業改善に取り組んだところは,さすがに教職経験の違いを見る思いがします。特に,「**文脈の中で語彙を学習させ,定着させる活動**」[J-Ⅱ-F-1]と「**新出語彙を音声・文字表現の中で使用できるようになるための活動**」[J-Ⅱ-F-4]を重視し,ICTの利用で一層の成果をあげたり,リーディングの「**読む前の活動**」[J-Ⅱ-D-2,3]でスキーマの活性化を図る指導力の向上を実現したりしています。

以上は筆者が長年勤めた学校で教頭となってからの実践ですが,新たに校長として赴任した学校での取り組みも紹介しています。しかし,結果として

J-POSTL の十分な活用には至っていません。校長という立場からの働きかけや人事異動に伴う研修の継続性に課題があると述懐しています。

2.2 「2. 公的教員研修における活用」

　神奈川県横浜市教育委員会が実施している英語科教員対象の研修に加え，英語以外の教員研修にも活用されている事例です。英語科教員対象の実践例では 2 回の異なる研修会について紹介しています。いずれも J-POSTL の記述文を用いて参加者による話し合い活動が設定され，協同による省察がなされています。

　第 1 回目の夏季研修では，話し合いを 2 回に分けています。まず，高等学校学習指導要領で述べられているカリキュラム・マネジメントの重要な側面の 1 つである「**教科横断的な内容，あるいは様々な内容を英語で教えることができる**」[J-IV-B-11] についての話し合いですが，この中でそれぞれの教員の実践や意識に温度差のあることが明らかになっています。つまり，他教科との連携が進んでいる学校が多い一方，その発想とは距離を置いている教員もいるとの報告です。しかし，相互の学び合いというボトムアップ型の研修形態をとる中で，同僚性を高めながらカリキュラム・マネジメントの改善意識が醸成されていくことが期待されています。また，4 技能を話題とした話し合いでは，各グループに記述文の選択を任せています。スピーキング活動を選んだグループでは，「**スピーキング活動を促すような視覚補助教材，印刷教材，オーセンティックで多様な教材を選択できる**」[J-II-A-7] を取り上げています。このグループでは，英字新聞は比較的取り組みやすいオーセンティックな教材として活用しようという意欲が生まれたようです。

　2 回目の11月研修では，5 つのグループに分かれ，リーディング指導に関する話し合いを30分程度行っています。いずれも，各グループの教員間での実践や意識のずれのある記述文を選んでディスカッションが行われています。これらの事例では，内発的動機付けに J-POSTL が促進要因として機能している側面をみることができます。記述文を自ら選び話し合うことがおそらく研修への主体的・積極的な参加態度につながったと考えられます。

　他方では，他教科の教員への応用においては，J-POSTL の「自分自身について」のセクションや，「教育環境」「授業計画」「授業実践」の分野の記述文が適用可能であることが例証されています。特に，「自分自身について」は，J-POSTL のオリジナル版を他教科用に修正して使い，話し合いが盛り上

がって，予定時間を倍以上もオーバーしたと述べています。このことから，このセクションは，英語以外の教員にも話し合いのきっかけとして有効であることが立証されています。また，3つの分野から15の記述文を選んで自己評価をしてもらった後話し合いましたが，結果として1つの記述文で予定時間を終えたということです。つまり，J-POSTLの記述文の中には，教科が異なっても共通のテーマになりうるものがあるということが明らかにされました。この点は続く第3節とも重なり，J-POSTLの新たな活用の可能性が示唆されていると考えられます。

2.3 「3. 授業評価の観点づくりにおける活用」

2つの事例が紹介されています。いずれもJ-POSTLの記述文の理念や概念を咀嚼して，授業観察・評価の観点の作成に利用したものです。

まず，東京都教育委員会が実施する海外派遣研修において，140名の参加者のうち20名が行った派遣の事前・事後の授業に対する評価の観点（ルーブリック）の作成に記述文を活用した事例です。派遣前と派遣後のそれぞれの授業では，複数の指導主事が観察し，作成された8項目の観点を基に評価を行いました。観点作成の段階で重点的に活用したJ-POSTLの記述文は，主に「V 授業実践」に含まれる記述文です。この分野には当然ながら授業の開始から導入，教授，練習，展開，定着，まとめなどの手順の設定，学習者や学習内容への配慮，授業運営と英語を使った授業展開などが網羅されています。例えば，**「学習者の関心を引きつける方法で授業を開始できる」**[J-V-A-1]という記述文を，「(1) 授業の開始時に本時のねらいを伝えている」と言い換えています。「関心を引きつける」ための1つの方法は「授業のねらい」を明確に伝えて学習者の興味を喚起することだ，という作成者の意図が感じられます。また，**「授業内容を，学習者の持っている知識や身近な出来事や文化などに関連づけて指導できる」**[J-V-B-1]を「(7) 日常生活との関わりを授業に取り入れている」と簡潔な文言で表しています。このようにJ-POSTLの記述文は使用目的に合わせて解釈できるので，様々なルーブリックの作成などにおいて参照ツールとしても機能し得ることが示されています。以下の第2の事例においてもこのことが当てはまります。

東京都におけるもう1つの実践は，都立国際高校バカロレアコースでの活用事例です。世界の様々な文化に対する理解と尊重を通じて平和でより良い世界の実現に貢献し，探求心，知識，思いやりのある若者の育成をめざすバ

カロレアコースの教員の能力向上にかかわる内容においては，J-POSTL の汎用性をみることができます。批判的な思考力を育成し，情報を分析して判断できる力をつける課題探求型，双方向的で生徒中心の授業をめざすうえで求められるのは知識の獲得のみならず「学び方を学ぶ」授業，「思考力やコミュニケーション能力を育成する」授業，「協同する力，自己管理能力，リサーチ能力などのスキルを獲得する」授業です。これらの指導力は英語教員に限らずすべての教員に求められるものです。J-POSTL の記述文のうち，英語教育に特化した記述文を除けば，多くの記述文があらゆる教科の教員に適応できることがこの事例で示されています。

┃ 3.　事例から得られる示唆

　本章の 3 事例は，いずれも J-POSTL を深く理解した管理職や教育行政の指導者による開発的な実践例であり，限られた研修時間という制約のなかにあっても J-POSTL を介在して対話的・協同的な研修が有効に展開されている様子が分かります。J-POSTL は本来教員個人の省察ツールとして活用すべきものですが，教員研修という観点から見ると，第 1 例と第 2 例は，研修の推進ツールとしての役割が大きく，第 3 例では観点作りの参照ツールとして活用されています。いずれの場合も J-POSTL は有効であることを認めてはいるものの，その継続使用の難しさも認識されています。原因は，学習指導ばかりでなく生徒指導などにおける教員の多忙さ，頻繁な人事異動，学校環境や学習内容の多様性などが考えられます。しかし同時に，J-POSTL が現在の学校教育改善の方向性と合致しており，その活用が英語教員ばかりでなく他教科の教員集団の成長にも貢献しうる可能性は大であると言ってよいでしょう。

　一般的に言えば，教員研修を行う際には文科省の指針を参考にすることが多いと考えられます。例えば，「教員養成・研修　外国語（英語）コア・カリキュラム」（以降「コアカリ」／文科省，2017）やカリキュラム・マネジメント（以降「カリマネ」／文科省，2016）などです。

　コアカリでは小学校および中・高等学校の教員養成と教員研修において必要な学習内容と到達目標の大枠を明示しています。カリキュラムの理解とその策定能力，生徒の資質・能力を高める指導力・授業力，学習評価力，コミュニケーション・異文化理解などの専門知識，などが柱となっています。

　一方，カリマネは，各学校が学習指導要領に基づきどのような教育課程を

編成し，どのようにそれを実施・評価し改善していくのかという RPDCA（調査・計画・実践・点検評価・修正）の道すじのことです。2020年度から順次施行される学習指導要領においては，「教科横断的な視点」で行われる教育活動の改善，教科領域や学年を越えた組織運営の改善が求められています。管理職のみならず，すべての教職員が教育課程の RPDCA に責任を持ち，そのために必要な力を教員一人ひとりが身に付けていくことが期待されており，さらに，教員に求められる能力を明確化する教員養成指標や研修指針の策定，そして教員研修自体を主体的・協同的な学びの要素の濃いものに転換していこうとする提言がなされています。

　本章の実践事例は，以上のコアカリとカリマネの理念を実現する実践ツールとしての J-POSTL の可能性を示唆していると言えます。たまたま3例とも公立高校の事例ですが，公・私立を問わず，またいかなる校種であっても長期的スパンで J-POSTL は授業改善と教師の成長に大きく寄与することでしょう。それは，研修において指導者と教員が「指導と評価をする側／される側」としての一方的な立場ではなく，J-POSTL という省察ツールを共有して，同僚性を基本に「省察と対話」のテーブルにつくような信頼関係を構築するときに「自律的な成長」が促されることを実践事例が示しているからです。生徒の「主体的・対話的で深い学び」は，研修を通じてみずからその深い意義に気づき，学びの性質は異なってもその意義と方法論を体得した教員によって実現に至るものであろうと考えられます。

　課題は，第1節の宮本氏の指摘の通り「どのように導入し，継続するか」にあります。スタートの際には目標やインセンティブが必要かもしれません。学校の内外での研究会や論文・報告書などで成果を発表したり，研修を教員の自己評価の対象に加えたりすることなどが考えられます。また，継続するには，校内だけでなく他校とのネットワークを構築し，情報交換の機会を設けることや，大学と連携した研修機会も必要になります。管理職や行政職が率先してこのような開かれた研修環境を整えていくことも期待されるところです。

あとがき

　書籍を出版する目的は様々ですが，本書の場合は中学・高校の先生方にJ-POSTLの意義とその活用方法を理解してもらい，創造的な授業改善に役立てていただくことにあります。大学の教員養成課程に対しては，J-POSTLに準拠した教科教育法のテキストとして，2012年に『新しい時代の英語科教育の基礎と実践』，その全面改訂版として2017年に『行動志向の英語科教育の基礎と実践』（いずれも三修社）を発行しています。毎年千数百の発行部数があるようなので，養成段階においてはJ-POSTLが浸透しつつあることが窺えます。一方，中等教育の現職教員に対しては，学会・研究会・講演会などの機会を利用して紹介してきました。そのような場面では，J-POSTLの価値を認めてくださる先生方は多数おられます。しかし，第5章1.に述べられているように，教員は忙しいので，J-POSTLの存在を知り，理解し，さらに導入して継続していくには課題があるかもしれません。そこで，限られた機会の講演会などに代わって，本書がJ-POSTL紹介の役割を果たし，教育現場で広く利用されることが期待されます。

　序章でも述べた通り，J-POSTLには自律的な学習者の育成という理念があります。この理念の背景に，学習者中心の授業があり，自己評価記述文は基本的にこの授業形態を想定しています。新学習指導要領の「主体的・対話的で深い学び」という授業改善の3つの視点も，この立場に立っていると考えられます。つまり，日本では，この授業形態の推進が緒についたばかりなので，その理念に付随する用語や活動が教育現場にまだ普及していないと言えます。従って，J-POSTLで使用されている用語や活動の中には，理解が困難で具体的に想像できないものがあっても不思議ではありません。「自立学習」の分野と「文化」の領域ではそのような用語や活動が多いようです。

　「Ⅵ 自立学習」分野では，特に「C. プロジェクト学習」と「D. ポート

フォリオ学習」の概念がイメージしにくく，それぞれの記述文が意味する活動が現実にはほとんど行われていないと考えられます。本書の第2章2.（p.73）はプロジェクト学習の事例，同3.（p.86）はポートフォリオ学習の事例です。これらの事例は，この2つの用語の概念と活動への理解に寄与するものと考えられます。

　「文化」の領域に関連する記述文は，「Ⅱ 教授法」の「G. 文化」や「Ⅶ 評価」の「E. 国際理解（文化）」をはじめ各所に分散していますが，記述文を読んだだけではその実践について理解しにくいものもあると思われます。本書の第4章では2つの優れた事例が挙げられていますが，国際高校の「異文化理解」の授業と茶道部の活動なので，両方とも特殊な事例とお考えになるかもしれません。しかし，異文化間理解の指導を言語活動と結び付けるためのノウハウが詰まっていますので応用可能と考えられます。4章以外の授業実践の活動の一部にも異文化間理解に関する活動が含まれています。例えば，第1章1.（p.14）では，技能統合型の授業は必然的に題材内容と結びつくと述べられており，実際にマララさんのスピーチを利用した活動が紹介されています。こうした活動は異文化への深い学びを促します。同2.（p.27）でも学び直しが必要な生徒の興味・関心を文化の観点から引き出すことの重要性に言及しています。第3章1.（p.106）では，生徒同士が理解し合うことは多文化理解を促すことに通じるという認識を持ちながら，発表や話し合いをする際に相手とアイコンタクトをとることをマナーとして繰り返し指導しています。こうした事例も異文化間理解の指導を具体的にイメージすることに役立つと考えられます。

　以上の他，J-POSTLを活用するにあたり，理論と実践とを確実に融合させるためには，理解しておくべき用語の概念や活動があります。「自立」と「自律」の違いに関しては第2章4.（p.98）で説明してある通りですが，学習者中心の授業では，学習者の「参加」「協同」「省察（振り返り）」「責任」などがキー・コンセプトと考えられ，それぞれ本書で具体的な事例を見つけることができます。「参加」は，従来は教師の専権事項であった学習目標，教材選択，活動などの決定に参加することまで含みます。第2章1.（p.58）では，生徒自らが学習目標や宿題を設定して実践しています。第4章2.（p.161）では，茶道のイベントなどの企画・運営を生徒がこなしています。一方，「協

同」は「協働」とよく混用されます。文部科学省の文書では後者を使うこと
が多いようです。本書では，基本的に，ペアやグループによるインタラクシ
ョンの活動や簡単なタスクを使う学習では「協同」，上述の茶道部のような
活動を含め問題解決型のプロジェクト学習では「協働」と使い分けています。
この２つの用語の厳密な使い分けは難しいのですが，実践事例のほとんどは
「協同学習」としています。「省察」については，筆者らによる reflection の
日本語訳です。一般的には「振り返り」という訳語が用いられているので本
書でもそれに従っています。しかし，本来 reflection には「省察」の他に「内
省，熟慮，熟考」という意味があります。短い時間ではこのような意味での
「振り返り」はとても叶いません。第２章3.（p.86）などに見られますが，
各授業や Unit の終了時に「振り返りシート」を使って行う活動と，年度当
初や学期末に行う振り返りの活動は分けて考える必要があるでしょう。省察
という意味では年２～３回程度，生徒に自分のこれまでの学習経験について
時間をかけてじっくり振り返りながら，課題を発見し，次の学習へと向かう
準備をさせることが必要です。これは教師の場合も同様です。最後に，「責
任」とは自らの学習に責任を持つことで，「参加」「協同」「省察」を通して
醸成されると考えられます。その意識を強化するのが相互評価です。第３章
1.（p.106）と3.（p.119）で取り入れられており，それぞれの実践では，生
徒に他者の英文や発表を評価することに対する責任感が生まれ，翻って自分
の作品が他者に評価されることへの意識も芽生えます。そこから，自分の学
習に対しても責任を感じるようになることが述べられています。

　以上のように，J-POSTL を活用することで，教師も生徒も「参加」「協同」
「責任」「省察」，および，異文化と他者理解による多様性と人権に対する「尊
重」を加えた５つの価値を認識するようになり，実践事例でも明らかなよう
に，英語運用力の向上にもつながります。

　J-POSTL は英語教師の省察ツールとして開発されたものですが，本書の実
践事例のように，自己評価記述文は創造的な授業改善の指針として役立つこ
ともお分かりいただけたと思います。今後は，新学習指導要領が目指す「主
体的・対話的で深い学び」を実現するための有効なツールとして活用してい
ただければ幸いです。

　本書は，科学研究費助成事業による研究（代表：早稲田大学神保尚武，基

盤 B, 課題番号：16H03459）の2016〜2018年度のプロジェクトの成果を基に編纂したものです。参加いただいた執筆者の先生方のご努力に編著者を代表して深く感謝いたします。また，本書が世に出るには，長友賢一郎氏のお口添えと的確なご助言がなければ叶いませんでした。同時に，編集担当の向井みちよさんの貴重なコメントと校正によって，細部に至るまで原稿をブラッシュ・アップすることができました。お二人にはここに深甚なる謝意を表します。

2019年師走

久村　研

参考文献・資料

赤井晴子. 2018. 「協同学習の視点で　学力差のあるクラスがまとまる授業づくり」. 『英語教育』第67巻第10号：pp.28-29. 東京：大修館書店.

Broukal, M. 2011. *What A World Reading 1* (2nd ed.). Tokyo：Pearson Japan.

Byram, M. 1997. *Teaching and Assessing Intercultural Communicative Competence*. Bristol：Multilingual Matters.

CAT 英語教育研究会. 2016. 「My Learning Mate Ver.3　自分らしい英語学習をめざして」.

Council of Europe. 2001. *Common European Framework of References for Languages*. Cambridge：Cambridge University Press.

千葉県立姉崎高等学校. 2006. 「マルチベーシックⅠ，Ⅱの実践」.

Crabbe, D. 2003. *The Quality of Language Learning Opportunities*. TESOL Quarterly, Vol.37, No.1：pp.9-34.

Deardorff, D.K. 2011. Intercultural Competence in Foreign Language Classrooms：A Framework and Implications for Educators. In Witte, A. and Harden, T.（Eds.）. *Intercultural Competence：Concepts, Challenges, Evaluations*. ISFLL, Vol.10. Bern：Peter Lang.

Dorothy E. Zemach, & Islam, C. 2017. 『*THE ESSENTIALS OF Paragraph-Writing* 高校生のためのパラグラフ・ライティングの真髄』. 東京：マックミラン ランゲージハウス.

胡子美由紀. 2011. 『生徒を動かすマネジメント満載！　英語授業ルール＆活動アイデア35』. 東京：明治図書.

久村　研. 2014. 「言語教師のポートフォリオ：完成から普及へ」. 『言語教師教育：JACET 教育問題研究会会誌』1（1）：pp.5-22.

_____. 2018. 「次期小学校学習指導要領と J-POSTL【小学校英語指導者編】自己評価記述文草案との対応」. 『言語教師教育』Vol.5 No.1. JACET 教育問題研究会.

久村　研・中山夏恵. 2018. 「次期中学校学習指導要領と J-POSTL 自己評価記述文との対応」. 『言語教師教育』Vol.5 No.1. JACET 教育問題研究会.

池田　央. 1994.『現代テスト理論』. 東京：朝倉書店.

今井むつみ. 2016.『学びとは何か——〈探求人〉になるために』. 東京：岩波書店.

伊東治己. 2016.『インタラクティブな英語リーディングの指導』. 東京：研究社

和泉伸一. 2016.『フォーカス・オン・フォームと CLIL の英語授業——生徒の主体性を伸ばす授業の提案』. 東京：アルク.

JACET 教育問題研究会. 2014.『成長のための省察ツール　言語教師のポートフォリオ』.

————————————. 2014.『成長のための省察ツール　言語教師のポートフォリオ　現職英語教師編』.

————————————. 2017.『行動志向の英語科教育の基礎と実践—教師は成長する—』. 東京：三修社.

鹿毛雅治. 1996.『内発的動機づけと教育評価』. 東京：風間書房.

北原延晃. 2010.『英語授業の「幹」をつくる本　上・下巻』. 東京：ベネッセコーポレーション.

清田洋一編. 2017.『英語学習ポートフォリオの理論と実践——自立した学習者をめざして』. 東京：くろしお出版.

清田洋一ほか. 2014. *All Aboard! Communication English II*. 東京：東京書籍.

清田洋一・松津英恵. 2016.「学びのプロセスを重視した英語学習ポートフォリオの開発——中学校での取り組み」. 第42回全国英語教育学会 埼玉研究大会. 口頭発表資料.

小出文則. 2016a.「記録・話し合い・授業公開を通じた授業改善：J-POSTL の活用事例」.『英語教育』第64巻第11号：pp.34-36. 東京：大修館書店.

————. 2016b.「「英語で授業」への授業改善につながる『言語教師のポートフォリオ』（J-POSTL）を利用した教員研修」.『言語教師教育』Vol.3 No.1：pp.108-120. JACET 教育問題研究会.

————. 2019.「現職教員からみた PE 授業への評価」. 佐藤響子・Carl McGary・加藤千博編『大学英語教育の質的転換　「学ぶ」場から「使う」場へ』pp.106-108. 神奈川：春風社.

小池生夫ほか編. 2012.『応用言語学事典』. 東京：研究社.

Komorowska, H. 2012. Learner Autonomy and its Implication for the EPOSTL in Newby（Ed.）. *Insights into European Portfolio for Student Teachers of Languages（EPOSTL）*. Newcastle：Cambridge Scholars Publishing.

Krashen, S. 1981. *Second Language Acquisition and Second Language Learning.*

Oxford：Pergamon Press.

Kubanyiova, M. 2012. *Teacher Development in Action：Understanding Language Teachers' Conceptual Change*. London：Palgrave Macmillan.

Little, D., Hodel, H.P., Kohonen, V., & Perclova, R. 2007. Preparing teachers to use the European Language Portfolio. *European Centre for Modern Languages（ECML）*. Strasbourg：Council of Europe Publishing.

松津英恵. 2017.「学びのプロセスを重視した英語学習ポートフォリオの開発——中学校での取り組み」. 第41回関東甲信越英語教育学会 新潟研究大会. 口頭発表資料.

_____. 2018.「学びのプロセスを重視した英語学習ポートフォリオの開発——中学校での取り組み（2）」. 第42回関東甲信越英語教育学会 栃木研究大会. 口頭発表資料.

_____. 2019.「中学校における学びのプロセスを重視した英語学習ポートフォリオの活用」. 東京学芸大学附属竹早中学校 2018年度研究紀要.

宮本順紀. 2013.「目標に準拠した評価と CAN-DO リスト作成」.『言語教育 EXPO 2013　予稿集』.

宮本順紀, 塚田正昭, 皆川小百合, 山田拓也. 2018.「J-POSTL を活用した自主的現職英語教員研修（～初任者，3年次教員，中堅教員のケース～）」.『言語教育 EXPO 2018　予稿集』.

文部科学省. 2016.『幼稚園，小学校，中学校，高等学校及び特別支援学校の学習指導要領等の改善及び必要な方策等について（答申）』. http://www.mext.go.jp/b_menu/shingi/chukyo/chukyo0/toushin/__icsFiles/afieldfile/2017/01/10/1380902_0.pdf（2017年11月10日引用）.

_____. 2016.「4. 学習指導要領等の理念を実現するために必要な方策」. http://www.mext.go.jp/b_menu/shingi/chukyo/chukyo3/siryo/attach/1364319.htm

_____. 2017.「教員養成・研修　外国語（英語）コア・カリキュラム」. http://www.mext.go.jp/b_menu/shingi/chousa/shotou/126/shiryo/__icsFiles/afieldfile/2017/04/12/1384154_3.PDF

_____. 2017a.『中学校学習指導要領』. http://www.mext.go.jp/component/a_menu/education/micro_detail/__icsFiles/afieldfile/2018/05/07/1384661_5_4.pdf（2017年10月22日引用）.

_____. 2017b.『中学校学習指導要領解説 外国語編』. http://www.mext.go.jp/component/a_menu/education/micro_detail/__icsFiles/afieldfile/2018/05/07/1387018_10_1.pdf （2017年11月1日引用）.

222

_____. 2018.『新しい学習指導要領の考え方―中央教育審議会における議論から改訂そして実施へ―』.

http://www.mext.go.jp/a_menu/shotou/new-cs/__icsFiles/afieldfile/2017/09/28/1396716_1.pdf（2019年1月5日引用）.

_____. 2018.『高等学校学習指導要領』.

http://www.mext.go.jp/component/a_menu/education/micro_detail/__icsFiles/afieldfile/2018/07/11/1384661_6_1_2.pdf（2019年1月5日引用）.

_____. 2018. 日本ユネスコ国内委員会答申『幼稚園，小学校，中学校，高等学校及び特別支援学校の学習指導要領等の改善及び必要な方策等について』持続可能な社会づくりに関連する記載（抜粋）.

http://www.mext.go.jp/unesco/002/006/001/shiryo/attach/1407469.htm（2019年1月5日引用）.

村野井仁. 2006.『第二言語習得研究から見た効果的な英語学習法・指導法』.東京：大修館書店.

Newby, D. et al. 2007. *European Portfolio for Student Teachers of Languages*. Council of Europe/ECML.

Newby, D. 2011. 山本梓訳・久村研校閲.「CEFR, ELP, EPOSTL のヨーロッパにおける文脈化」.『英語教師の成長に関わる枠組みの総合的研究』pp.122-135.（2010年度科学研究費補助金基盤研究（B）研究成果報告書. 研究課題番号：22320112. 代表：早稲田大学神保尚武）. JACET 教育問題研究会.

Newby, D., Fenner, A.B., & Jones, B. 2011. Using the European Portfolio for Student Teachers of Languages. *European Centre for Modern Languages (ECML)*. Strasbourg：Council of Europe Publishing.

Newby, D. (Ed.). 2012. *Insights into the European Portfolio for Student Teachers of Languages (EPOSTL)*. Newcastle：Cambridge Scholars Publishing.

NewsPicks. 2015.『大谷を怪物にした花巻東高校の「目標達成用紙」』.

https://newspicks.com/news/893396/body/（2018年1月21日引用）

西 巌弘. 2010.『即興で話す英語力を鍛える！ ワードカウンターを活用した驚異のスピーキング活動22』. 東京：明治図書.

西山教行・細川英雄・大木充編. 2015.『異文化間教育とは何か――グローバル人材育成のために』. 東京：くろしお出版.

OECD/Asia Society. 2018. *Teaching for Global Competence in a Rapidly Changing World*.

https://asiasociety.org/sites/default/files/inline-files/teaching-for-global-competence-in-a-rapidly-changing-world-edu.pdf（2019年9月5日引用）.

笹島　茂編. 2011.『CLIL　新しい発想の授業―理科や歴史を外国語で教える!?―』. 東京：三修社.

白鳥秀幸. 2011.『あねさきの風〈上〉―千葉県立姉崎高等学校再建への挑戦―』. 東京：学事出版.

―――――. 2012.『あねさきの風〈下〉―「潰せ」と言われた最底辺校改革の真実―』. 東京：学事出版.

―――――. 2014.『「学び直し」が学校を変える!―教育困難校から見えた義務教育の課題―』. 東京：日本標準.

鈴木渉編. 2017.『実践例で学ぶ　第二言語習得研究に基づく英語指導』. 東京：大修館書店.

髙木亜希子. 2017.「教師による実践研究：教師の成長のために」.『言語教師教育』Vol.4 No.1：pp.88-103. JACET 教育問題研究会.

東京都教育委員会. 2016.『パフォーマンステストを活用した指導の充実に向けて』.

蕨　知英. 2018.「定期的なスピーキングタスクの実施と J-POSTL を活用したその評価」.『言語教師教育』Vol.5 No.1：pp.68-82. JACET 教育問題研究会.

―――――. 2019.「スピーキングタスクの定期的な実施とその評価――実践研究二年目」.『中部地区英語教育学会』第48号：pp.197-204.

吉島　茂・大橋理枝訳・編. 2004.『外国語教育Ⅱ――外国語の学習・教授・評価のためのヨーロッパ共通参照枠』. 東京：朝日出版社.

付録

J-POSTL 自己評価記述文

【凡例】

各記述文の文尾の記号は以下の意味を表す。

- ・無印：教職課程履修学生用
- ・[N]：Novice：初任教師用
- ・[A]：Apprentice：5 年未満の育成教師用
- ・[P]：Practitioner：5 年以上の実践教師用
- ・[SP]：Senior Practitioner：10年以上の熟練教師用：初任・育成教師の Mentor を務める。
- ・[Open]：育成～熟練教師の段階を特定できない記述文。

※実際の J-POSTL には各記述文の下に以下のような矢印ブロックがあり，自己評価で該当すると思われる箇所を塗りつぶし，記入した年月日を記録して使う。

記入例：

| 1 | 2 | 3 | 4 | 5 |

2015/7/10　2014/9/4　2014/4/15

I　教育環境 Context

A．教育課程（Curriculum）

1．学習指導要領に記述された内容を理解できる。

2．学習指導要領に従って，英語科教育課程や年間指導計画を立案できる。[A]

B．目標とニーズ（Aims and Needs）

1．英語を学習することの意義を理解できる。

2．学習指導要領と学習者のニーズに基づいて到達目標を考慮できる。

3．学習者が英語を学習する動機を考慮できる。

4．学習者の知的関心を考慮できる。

5．学習者の達成感を考慮できる。

6．教育委員会，各学校の教育評価を行う委員会，保護者などの期待と影響を考慮し，その適切性を判断できる。[P]

C．言語教師の役割（The Role of the Language Teacher）

1．学習者と保護者に対して英語学習の意義や利点を説明できる。

2．学習者の母語の知識に配慮し，英語を指導する際にそれを活用できる。

3．理論を理解して，自分の授業を批判的に評価できる。

4．学習者からのフィードバックや学習の成果に基づいて，自分の授業を批判的に評価し，状況に合わせて変えることができる。

5．他の実習生や指導教諭からのフィードバックを受け入れ，自分の授業に反映できる。

6．他の実習生や指導教諭の授業を観察し，建設的にフィードバックできる。

7．計画・実行・反省の手順で，学習者や授業に関する課題を認識できる。

8．授業や学習に関連した情報を収集できる。

9．学習者や授業に関する問題点を，アクション・リサーチによって確認し，授業改善に役立てることができる。[A]

10．外国人留学生，移民の子弟，帰国生など文化背景や学習経験の異なる学習者によって構成されたクラスで教える場合，クラスの多様性の価値を理解し，それを活用できる。[Open]

D．組織の設備と制約（Institutional Resources and Constraints）

1．実習校における設備や教育機器を，授業などで状況に応じて活用できる。

Ⅱ　教授法 Methodology

A．スピーキング活動（Speaking/Spoken Interaction）

1．学習者をスピーキング活動に積極的に参加させるために，協力的な雰囲気を作り出し，具体的な言語使用場面を設定できる。

2．自分の意見，身の回りのことおよび自国の文化などについて伝える力を育成するための活動を設定できる。

3．発表や討論などができる力を育成するための活動を設定できる。[N]

4．つなぎ言葉，あいづちなどを効果的に使って，相手とインタラクションができる力を育成するための活動を設定できる。[N]

5. 強勢，リズム，イントネーションなどを身につけさせるような様々な活動を設定できる。[N]
6. 語彙や文法知識などを用いて正確に話す力を育成するための音声指導ができる。[N]
7. スピーキング活動を促すような視覚補助教材，印刷教材，オーセンティックで多様な教材を選択できる。[A]
8. 学力差に配慮して，学習者が意欲的に参加できるスピーキング活動を設定できる。[A]
9. 学習者が会話や交渉を自分から始めたり，適切に応答したり，途中から参加したりする活動を設定できる。[A]
10. 口頭によるコミュニケーションの際に必要なストラテジー(発言に対する確認や聞き返し，相手の理解を助ける言い換えや表現の平易化など)を学習者が使えるように支援できる。[A]
11. 場面により（電話での応答，交渉，スピーチなど）言語表現が異なることに学習者が気づき，適切な表現を使用できるようなスピーキング活動を設定できる。[P]

B．ライティング活動（Writing/Written Interaction）
1. 学習者がライティングの課題のために情報を収集し共有することを支援できる。
2. 学習者が持っているライティング能力を伸ばすために，言語の使用場面と言語の働きに応じた指導ができる。[N]
3. 学習者がEメールなどのやりとりを行うのを支援する活動を設定できる。[N]
4. 学習者がマインドマップやアウトラインを用いて文章を書くための支援ができる。[N]
5. 学習者がまとまりのあるパラグラフやエッセイを書くための支援ができる。[N]
6. 学習者が学習した綴り，語彙や文法などの定着に役立つライティング活動を設定できる。[N]
7. 学習者が自分で書いた文章を検討し，改善できるように支援できる。[A]
8. 学習者がライティング学習に役立つ具体例として用いることできるように，様々な文章表現を選択できる。[A]
9. 文章の種類（手紙，物語，レポートなど）によって表現が異なることに

学習者が気づいて適切な表現を使用できるようなライティング活動を設定できる。[P]

10. ライティング活動への意欲を高める様々な教材（オーセンティックな教材，視覚教材など）を活用できる。[P]

11. ライティングの学習を支援するために，学習者同士のコメントやフィードバックを活用できる。[SP]

C. リスニング活動（Listening）

1. 学習者のニーズ，興味・関心，到達度に適した教材を選択できる。
2. 学習者が教材に関心が向くよう，聞く前の活動を計画できる。
3. 学習者がリスニングをする際に，教材のトピックについてもっている関連知識を使って内容を予測するよう指導できる。
4. リスニング・ストラテジー(要旨や特定の情報をつかむなど）の練習と向上のために，様々な学習活動を立案し設定できる。[N]
5. 学習者に英語の話し言葉の特徴に気づかせるような活動を立案し設定できる。[N]
6. リスニング活動において，学習者が新出単語もしくは難語に対処できるストラテジーを使えるように支援できる。[P]
7. リスニングと他のスキルの懸け橋となる様々なポスト・リスニング活動を設定できる。[SP]
8. 学習者が話し言葉の典型的な側面（雑音，重複など）に対処できるストラテジーを使えるように支援できる。[SP]

D. リーディング活動（Reading）

1. 学習者のニーズ，興味・関心，到達度に適した教材を選択できる。
2. 学習者が教材に関心が向くよう，読む前の活動を設定できる。
3. 学習者が文章を読む際に，教材のトピックについて持っている関連知識を使うよう指導できる。
4. 文章に応じて，音読，黙読，グループリーディングなど適切な読み方を導入できる。
5. 読む目的（スキミング，スキャニングなど）に合わせ，リーディング・ストラテジーの練習と向上のために様々な活動を展開できる。[N]
6. 学習者に難語や新語に対処する様々なストラテジーを身につけさせるよう支援できる。[N]

7. リーディングとその他のスキルを関連づけるような様々な読んだ後の活動を選択できる。[N]

8. 多読指導において 学習者のニーズや興味・関心，到達度に合った本を推薦できる。[A]

9. 学習者が内容を精査して読むスキル（気づき，解釈，分析など）を身につけるよう支援できる。[P]

E．文法 (Grammar)

1. 学習者に適切な文法書や辞書を提示し，具体的にそれらを引用して説明を行え，またそれらを学習者が使えるように指導できる。

2. 文法は，コミュニケーションを支えるものであるとの認識を持ち，使用場面を提示して，言語活動と関連づけて指導できる。

3. 文法事項を様々な方法（教師が例を提示する，学習者自身に文法構造を気づかせる，など）で導入したり学習者に使用させたりすることができる。[A]

F．語彙 (Vocabulary)

1. 文脈の中で語彙を学習させ，定着させるための活動を設定できる。

2. ロングマンの辞書の語彙定義に使われる基本2000語を理解し，それらを使ってさまざまな活動を設定できる。[N]

3. 使用頻度の高い語彙・低い語彙，あるいは受容語彙・発信語彙のいずれであるかを判断し，それらを指導できる。[N]

4. 学習者が新出語彙を音声・文字表現の中で使用できるようになるための活動を設定できる。[A]

5. 使用場面，目的，相手との関係などによって使う表現が異なることに気づかせる活動を設定できる。[A]

G．文化 (Culture)

1. 英語学習をとおして，自分たちの文化と異文化に関する興味・関心を呼び起こすような活動を設定できる。

2. 社会文化的能力を学習者が伸ばすことに役立つ活動（ロールプレイ，場面設定での活動，など）を設定できる。[A]

3. 学習者の異文化への気づきを促し深める活動を設定できる。[A]

4. 学習者に文化とことばの関係性に気づかせる文章や活動を選択できる。

[A]

5. 授業外でインターネットや電子メールなどを用いて，英語が使用されている地域，人々，文化などについての調べ学習の機会を与えることができる。[Open]
6. 学習者に社会文化的な「行動の規範」の類似性と相違性を気づかせる様々な種類の文章，教材，あるいは活動を選択できる。[Open]
7. 「他者性」という概念を考えたり，価値観の相違を理解させたりすることに役立つ，様々な種類の文章，教材，そして活動を設定できる。[Open]
8. 学習者が自分のステレオタイプ的な考え方に気づき，それを見直すことができるような様々な種類の文章，教材，活動を選択できる。[Open]

Ⅲ　教授資料の入手先 Resources

1. 学習者の年齢，興味・関心，英語力に適した教科書や教材を選択できる。
2. 学習者の英語力に適した文章や言語活動を教科書から選択できる。
3. 教科書以外の素材（文学作品，新聞，ウェブサイトなど）から，学習者のニーズに応じたリスニングとリーディングの教材を選択できる。
4. 教科書付属の教師用指導書や補助教材にあるアイディア，指導案，教材を利用できる。
5. 学習者に適切な教材や活動を考案できる。
6. 情報検索のためにネットを使えるように学習者を指導できる。
7. 学習者に役に立つ辞書や参考書を推薦できる。[N]
8. 学習者に適切なICTを使った教材や活動を考案できる。[P]
9. 学習者のために適切なICT教材を利用したり，評価できる。[P]
10. 学習者の能力や興味・関心に応じて，適切なICTを使った教材を選び，活用できる。[SP]
11. 学習者に対して，自分自身や他の学習者のために自主教材を作成するよう指導し，それを使って授業を実践できる。[Open]

Ⅳ　授業計画 Lesson planning

A．学習目標の設定（Identification of Learning Objectives）

1. 学習者のニーズと興味・関心を考慮し，学習指導要領の内容に沿った学習目標を設定できる。

2．年間の指導計画に即して，授業ごとの学習目標を設定できる。
3．学習者の意欲を高める目標を設定できる。
4．学習者の能力やニーズに配慮した目標を設定できる。
5．学習者に学習の振り返りを促す目標を設定できる。
6．年間の指導計画に基づいて，「聞くこと」「話すこと」「読むこと」「書くこと」の4技能それぞれに観点別評価の目標を設定できる。[A]

B．授業内容 (Lesson Content)

1．「聞くこと」「話すこと」「読むこと」「書くこと」の 4 技能が総合的に取り込まれた指導計画を立案できる。
2．言語や文化の関わりを理解できるような活動を立案できる。
3．文法学習や語彙学習をコミュニケーション活動に統合させた指導計画を立案できる。
4．目標とする学習活動に必要な時間を把握して，指導計画を立案できる。
5．学習者がこれまでに学習した知識を活用した活動を設定できる。
6．学習者のやる気や興味・関心を引き出すような活動を設定できる。
7．学習者の学習スタイルに応じた活動を設定できる。
8．学習者の反応や意見を，授業計画に反映できる。
9．年間の指導計画に基づいて，一貫しかつ多様な授業計画を立案できる。[A]
10．教材，授業内容，授業の進め方などに関して，学習者と相談の上，彼らの意見も取り入れた計画を作成し，それを授業で実践できる。[Open]
11．教科横断的な内容，あるいは様々な教科の内容を英語で教えることができる。[Open]

C．授業展開 (Lesson Organization)

1．学習目標に沿った授業形式（対面式，個別，ペア，グループなど）を選び，指導計画を立案できる。
2．学習者の発表や学習者同士のやりとりを促す活動計画を立案できる。
3．英語を使うタイミングや方法を考慮して，授業計画を立案できる。
4．指導教員や ALT とのティームティーチングの授業計画を立案できる。[N]

V　授業実践 Conducting a Lesson

A．レッスン・プランの使用（Using Lesson Plans）

1．学習者の関心を引きつける方法で授業を開始できる。
2．指導案に基づいて柔軟に授業を行い，授業の進行とともに学習者の興味・関心に対応できる。
3．学習者の集中力を考慮し，授業活動の種類と時間を適切に配分できる。
4．本時をまとめてから授業を終了することができる。
5．予期できない状況が生じたとき，指導案を調整して対処できる。［N］
6．個人活動からペア・グループ活動，ペア・グループ活動からクラス全体など，状況に応じて学習の形態を柔軟に調整できる。［A］

B．内容（Content）

1．授業内容を，学習者の持っている知識や身近な出来事や文化などに関連づけて指導できる。
2．既習あるいは未習を問わず，学習者の習熟度やニーズに応じて，言語材料や話題を提供できる。［A］

C．学習者とのインタラクション（Interaction with Learners）

1．授業開始時に，学習者をきちんと席に着かせて，授業に注意を向けさせるよう指導できる。
2．学習者中心の活動や学習者間のインタラクションを支援できる。
3．可能な範囲で，授業の準備や計画において，学習者の参加を奨励できる。
4．学習者の様々な学習スタイルに対応できる。［N］
5．学習者が学習ストラテジーを適切に使えるように支援できる。［N］
6．授業中，学習者の注意をそらすことなく授業に集中させることができる。［A］

D．授業運営（Classroom Management）

1．個人学習，ペアワーク，グループワーク，クラス全体などの活動形態を提供できる。
2．フラッシュカード・図表・絵などの作成や視聴覚教材を活用できる。
3．学習者のニーズや活動の種類などに応じた様々な役割を果たすことができる（情報提供者，調整役，指導者など）。［P］

4．ICT などの教育機器を効果的に活用できる。［P］

5．教室内外で学習者が様々なICTを使う学習を指導したり支援できる。［P］

E．教室での言語（Classroom Language）

1．英語を使って授業を展開するが，必要に応じて日本語を効果的に使用できる。

2．学習者が授業活動において英語を使うように設計し指導できる。

3．教室で使用されている英語の理解が困難な学習者に対して，適切な方法で指導できる。［A］

4．学習者の日本語能力を必要に応じて学習内容に関連づけ，活用できるように促すことができる。［P］

5．英語の教科内容や学習の方法などを，英語を使って指導できる。［Open］

VI　自立学習 Independent Learning

A．学習者の自律（Learner Autonomy）

1．学習者が各自のニーズや興味・関心に合ったタスクや活動を選択するように支援できる。［N］

2．学習者が自分の学習過程や学習成果を自己評価できるように支援できる。［N］

3．学習者が自分で目標や学習計画を立てる手助けや指導ができる。［A］

4．学習者が自分の知識や能力を振り返るために役立つような様々な活動を設定できる。［Open］

5．学習者が自分の学習過程や学習スタイルを認識し振り返るために役立つ様々な活動を設定できる。［Open］

6．学習者が自分の学習ストラテジーや学習スキルを向上させるのに役立つような様々な活動を設定できる。［Open］

B．宿題（Homework）

1．学習者にとって最も適した宿題を設定できる。［N］

2．学習者が自主的に宿題を進めるのに必要な支援を行ない，学習時間の管理の手助けができる。［N］

3．妥当で明確な基準に基づいて宿題を評価できる。［N］

4．学習者の意見を取り入れて，宿題の内容，種類，量などを決定できる。

[Open]

C．プロジェクト学習（Projects）
1．日記や個人記録などを使って学習者に振り返りを促すことができる。[P]
2．個人的に，また他の教員と協力して，教科横断的なプロジェクト学習を計画し編成できる。[SP]
3．ねらいや目的に応じてプロジェクト学習を計画し実施できる。[Open]
4．プロジェクト学習の様々な段階で，学習者を適切に支援できる。[Open]
5．プレゼンテーション・ツールを用いて学習者が英語で発表ができるように支援できる。[Open]
6．学習者と協力してプロジェクト学習の過程と成果を評価できる。[Open]

D．ポートフォリオ学習（Portfolios）
1．学習者にポートフォリオを利用した学習に取り組ませるための具体的な目標や目的を設定できる。[Open]
2．学習者にポートフォリオを利用した学習に取り組ませるための指導計画を立案できる。[Open]
3．学習者にポートフォリオを適切に使えるように指導し，建設的なフィードバックを与えることができる。[Open]
4．妥当で透明性のある基準に基づいてポートフォリオを利用した学習を評価できる。[Open]
5．ポートフォリオを利用した学習の成果を自己評価したり，クラスメイトと互いに評価しあうように促すことができる。[Open]

E．ウェブ上での学習環境（Virtual Learning Environments）
1．インターネットなどのICTを活用でき，学習者にも適切に指導できる。[A]
2．ウェブ上で，ディスカッションフォーラムやホームページなど様々な学習活動の場を設定して，学習者に活用できる。[Open]

F．特別活動（Extra-curricular Activities）
1．語学体験を含む研修旅行，交流，国際協力計画などの特別活動の目的を的確に設定できる。[P]
2．学習効果を高めるような特別活動（文集，部活動，遠足など）の必要性

234

を認識し，状況に応じてそれらの活動を設定できる。[SP]
3．関係者と協力しながら国際交流活動を組織する支援ができる。[SP]
4．修学旅行，国際交流・国際協力活動の学習結果を評価できる。[Open]

Ⅶ　評価 Assessment

A．測定法の考案（Designing Assessment Tools）

1．授業の目的に応じて，筆記試験，実技試験などの評価方法を設定できる。[N]
2．学習者の授業への参加や活動状況を観察し評価する方法を立案し使用できる。[N]
3．学習や学習の伸び具合を評価する方法を，学習者と話し合うことができる。[P]

B．評価（Evaluation）

1．学習者の英語運用力が向上するように，本人の得意・不得意分野を指摘できる。[N]
2．学習者や保護者などにわかりやすい形式で学習者の学習成果や進歩を記述できる。[N]
3．学習者の学習の伸びを信頼性のある適切な方法で評価し，その結果を図表やグラフなどでわかりやすく表示できる。[A]
4．妥当性のある評価尺度を使って，学習者の学習活動を評価できる。[A]
5．信頼性があり透明性がある方法で，試験の成績評価ができる。[A]
6．個人学習と協働学習における学習者の能力を評価できる。[P]
7．評価の経過と結果を自分の授業に活用し，個人およびグループのための学習計画を立てることができる（例えば形成的評価など）。[P]

C．自己評価と相互評価（Self-and Peer Assessment）

1．学習者が自分の目標を立て，自分の学習活動を評価できるように支援できる。[A]
2．学習者がクラスメイトと互いに評価しあうことができるように支援できる。[A]

D．言語運用（Language Performance）

1．話したり書いたりする能力を適切に評価できる。[N]
2．内容，使用の適切さ，正確さ，流暢さ，さらに会話を円滑に進めるためのストラテジーなどの観点から，学習者の会話能力を評価できる。[P]
3．内容，使用の適切さ，正確さ，さらに対応の適切さなどの観点から，学習者の書き言葉によるコミュニケーション能力を評価できる。[P]
4．要旨や特定の情報，言外の意味といった話し言葉を理解する学習者の能力を評価できる。[SP]
5．要旨や特定の情報，言外の意味といった書き言葉を理解する学習者の能力を評価できる。[SP]

E．国際理解（文化）（Culture）

1．日本の文化と英語圏を中心とした文化を比べ，その相違への学習者の気づきを評価できる。
2．異文化に関する学習者の知識を評価できる。[P]
3．異文化に接した時に，適切に対応し行動できる学習者の能力を評価できる。[Open]

F．誤答分析（Error Analysis）

1．学習者の誤りを分析し，建設的にフィードバックできる。
2．学習者の誤りに対して，授業の流れやコミュニケーション活動の妨げにならないように対処できる。[A]
3．学習の過程やコミュニケーション活動の妨げにならないように，学習の過程を支援する方向で，話し言葉や書き言葉で起きる学習者の誤りに対処できる。[A]

[監修者紹介]

神保尚武（じんぼひさたけ）早稲田大学名誉教授
1945年生まれ。国際基督教大学教養学部卒，ハワイ大学大学院英文学修士課程修了，早稲田大学大学院英文学後期課程中退。前JACET会長。NHKラジオ基礎英語講師。著書：『英語教育学大系第1巻　大学英語教育学——その方向性と諸分野』（共編著，大修館書店，2010），『英語教育学大系第7巻　英語教師の成長——求められる専門性』（共編著，大修館書店，2011），『行動志向の英語科教育の基礎と実践』（監修，三修社，2017）の他，高校検定教科書など多数。

[編著者代表紹介]

久村　研（ひさむらけん）田園調布学園大学名誉教授
1945年生まれ。早稲田大学文学部卒・教育学部専攻科修了。出版社勤務3年，高校英語教師25年，短大・大学教師20年。JACET教育問題研究会会誌『言語教師教育』編集主幹。著書：『英語教育学大系第7巻　英語教師の成長——求められる専門性』（共編著，大修館書店，2011），『行動志向の英語科教育の基礎と実践』（編集統括，三修社，2017），『ワクワクする小学校英語授業の作り方』（校閲，大修館書店，2019）の他，高校検定教科書など多数。

「教師の自己評価」で英語授業は変わる——J-POSTLを活用した授業実践
©Hisatake Jimbo & Ken Hisamura, 2020　　　　　　　　　NDC375／iv, 235p／21cm

初版第1刷——2020年3月20日

監　修　者——神保尚武
編著者代表——久村　研
発　行　者——鈴木一行
発　行　所——株式会社 大修館書店
　　　　　　　〒113-8541 東京都文京区湯島2-1-1
　　　　　　　電話 03-3868-2651（販売部）　03-3868-2293（編集部）
　　　　　　　振替 00190-7-40504
　　　　　　　[出版情報] https://www.taishukan.co.jp

装丁者————CCK
印刷所————広研印刷
製本所————ブロケード

ISBN978-4-469-24634-6　Printed in Japan